西川伸一

覚せい剤取締法の政治学
——覚せい剤が合法的だった時代があった——

ロゴス

凡　例
（1）引用文中に旧漢字があった場合は新漢字に改めた。引用文にルビがふられている箇所があった場合は、原則として省略した。
（2）引用文中に現在では不適切な表現があった場合、いちいち「ママ」と断らずに原文を尊重してそのまま引用した。
（3）引用文中の〔　〕は筆者が補記したことを、「／」は引用した原文における改行箇所を示す。
（4）引用・参照箇所を正確に表示したほうがいいと考えた記述部分には、(筆者 刊行年：数字) を直後に入れて、出典とその頁数を明らかにした。
（5）敬称は原則として省略した。肩書きは当時のものである。
（6）西川（2018）と叙述が一部重なっている箇所がある。

プロローグ
観てはいけない！『実録・私設銀座警察』

「しけたツラすんねえ、これ打ちゃな元気が出るぜ」

　私はけっこう映画好きで、ジャンルにあまりこだわらずになんでも観ます。ネット上に掲載される映画評をあれこれ参考にしながら、次に観る映画を決めている時が至福のひとときです。そして、これまで観てきた映画の中で、「これは観てはいけない！」と私が「自信」をもっていえるのが、『実録・私設銀座警察』（1973）です。映画でやってはいけないことをすべてやってみせたとの「高い」評価もあります。

　舞台は 1946 年の銀座界隈です。敗戦直後の混乱期に、いまでいう「反社会的勢力」が銀座に結集し、シマを取り仕切っていました。彼らの抗争をリアルに描いた映画といえば聞こえはいいのですが、目を背けたくなるシーンが次々に出て来てたじろいでしまいます。タイトルに「実録」と謳っているのは、「私設銀座警察」が実在していたからです。1950 年 3 月 9 日付『読売新聞』夕刊にはそれを紹介する記事が出ています。

> 「銀座警察は終戦後のヤミ商売時代に暴利をむさぼるヤミ商人からおとしまいをとる目的ですべて本物の警察組織をまねて作つたもの〔略〕仕事はキャバレー、劇場などの用心棒をつとめるほか日夜〝巡査〟を密行させて銀座マンの弱点をかぎ出し女関係、借金関係など見つけては高橋〝捜査主任〟が恐喝にまかり出るという仕組みになつていた」

　準主役の元陸軍軍曹の渡会菊夫（渡瀬恒彦）を進駐軍の憲

兵が追いかけ回すシーンがあります。連なる軒の裏に逃げた渡会を憲兵が捜すところで、エアコンの室外機がばっちり映っているのには笑わされます（DVD開巻後25分18秒）。渡会は「BAR KITTY」に裏から逃げ込みます。そこはのちに「私設銀座警察」とよばれる暴力グループが経営するバーでした。たむろしていたその幹部格の宇佐美義一（葉山良二）に、「しけたツラすんねえ、これ打ちゃな元気が出るぜ」と言われます。続けて、シャブ（覚せい剤）を打たれます（27分05秒）。その後シャブ漬けにされた渡会は、「私設銀座警察」に人殺しとして使われます。

覚せい剤はかつて合法薬物だった

　ラストシーン。洗面所で、左腕の注射痕でどす黒くなった静脈にシャブの自己注射を試み、吐血しながらのたうち回って渡会は絶命します。ここでみせる渡瀬恒彦の圧巻の演技には度肝を抜かれました（1時間31分55秒以降）。その直後に「昭和23年9月14日　一人の人殺しがのたれ死んだ」と字幕が出ます。

　昭和23年、すなわち1948年です。注意すべきは、渡会が「反社会的勢力」の一員だったから覚せい剤が身近にあったわけではない点です。当時、覚せい剤は合法的な薬物だったのです。1951年に覚せい剤取締法が制定されてようやく医療・研究以外の取り扱いが禁止された薬物となります。これを知った私は、この薬物をめぐる政治を調べてみたいとの好奇心を強く抱くようになりました。

　というのも、国家に固有の作用を研究対象としている私は、

薬物規制もまたそれに当たることに気付いたからです。

　国家は薬物を取り締まってきました。人体に危険な薬物が蔓延すれば社会に甚大な害悪を及ぼし、ひいては国家存立の危機に至るのです。アヘン戦争という痛恨の記憶をもつ中国は、覚せい剤を厳しく規制しています。中国刑法第347条は覚せい剤などの薬物犯罪を罰しており、最高刑は死刑です。その中国で2016年10月20日午後に、大量の覚せい剤を売買した罪で日本人の男に対する死刑が執行されました。マレーシアの危険薬物法も同様に死刑を定めています。

　さて、私はこれまでロゴスから次の2著を刊行しています。

　『オーウェル『動物農場』の政治学』（2010）

　『城山三郎『官僚たちの夏』の政治学』（2015）

いずれも小説の展開を追いながら、それらに出てくる言葉やシーンを、政治学と関連付けて深掘りしたりおし広げて説明したりしたものです。それを本書では、戦後直後の覚せい剤の蔓延から1950年代の覚せい剤取締法の制定と改正までの過程を素材に、行おうと思います。前2著と同様に相当の脱線もあります。「懲りないやつめ」とご笑覧いただければ幸いです。

覚せい剤取締法の政治学
覚せい剤が合法的だった時代があった

目　次

プロローグ　観てはいけない！『実録・私設銀座警察』　*1*

「しけたツラすんねえ、これ打ちゃな元気が出るぜ」
覚せい剤はかつて合法薬物だった

第1章　憂鬱からの逃走　　　　　　　　　　　　　　　*13*

第1節　「怪物」の甘美なささやき　*14*
「ソーマが憂鬱を癒す」
日経新聞「私の履歴書」欄に「登板」した江夏豊
孤独な元スター選手たち
密輸覚せい剤は毎年1トン超

第2節　覚せい剤合法時代の「逃走」点描　*22*
戦後直後の芸人たちの疲労回復法
覚せい剤に「逃げた」ミヤコ蝶々
コロムビア・トップの国会での告白
オダサクの創作活動に欠かせなかった覚せい剤
長谷川町子によって描かれた覚せい剤
「サザエさん」の問題作
ヒロポニア作家たち

第2章　覚せい剤の薬効、表記法、そしてルーツ　37

第1節　覚せい剤とはなにか　38
「快楽物質」ドーパミン
頑張らなくても「ご褒美」がもらえる
右翼と左翼で正反対の死生観
西部邁の「度胸」
みたび『薬物に負けた俺』
覚せい剤の呼称
アンフェタミン常用者だったJFK
アンフェタミンで脚本を量産したトランボ

第2節　覚せい剤と覚醒剤　52
"nose-powder"をどう訳すか
なぜ「せい」と表記するのか
「ついでに」「覚せい剤」を「覚醒剤」に改めた
「ハネ改正」がされなかった覚せい剤取締法
覚せい剤取締法の表記を尊重して

第3節　覚せい剤のルーツ　62
「日本薬学の父」長井長義
エフェドリンからメタンフェタミンを製出
「舎密を愛した男」のゆかりの地を訪ねて

第 3 章　覚せい剤の戦中と戦後

第 1 節　前線での必需品だった覚せい剤　72
メタンフェタミン製剤の創薬と「ヒロポン」の発売
「特別な目的」のために許可された覚せい剤
「ただ大量に使つても生命の危険はない薬だ」
前線でどのように使われたのか
「暗視ホルモン」
『海軍軍医会雑誌』に掲載された覚せい剤の広告
ヒロポンの臨床試験

第 2 節　覚せい剤の銃後　88
「いつもご機嫌」の本性は「奴隷への鞭」
『航空朝日』のヒロポン広告からみえてくるもの
尋常な精神ではもたない戦争
覚せい剤で夭逝したミス・ワカナ

第 3 節　覚せい剤の戦後　100
『はだしのゲン』に出てくるヒロポン
戦後の配給経路は不明
1951 年までに 23 社が覚せい剤を製造
蔓延する「覚醒剤中毒症」
司法省が改組されて法務省になるまで
憂慮されたのは青少年による乱用

〈覚せい剤は「適度」「適正」に用いよ〉

第4章　覚せい剤取締法案が参議院で可決されるまで　*117*

第1節　厚生省による覚せい剤規制政策　*118*
国会審議における覚せい剤問題の登場
劇薬指定から公定書収載の削除へ
覚せい剤の全面的製造中止勧告
薬事法第41条第7号の医薬品に指定
覚醒剤製造の当分中止を勧告

第2節　覚せい剤取締りをめぐる国会質疑　*129*
だれがどれくらい熱心だったのか
具体的な法案化作業
藤原道子が求めた製造禁止の「英断」
医療・研究目的からの必要性

第3節　覚せい剤取締法案をめぐる参議院質疑　*140*
残されていない覚せい剤に関する小委員会議事録
中山壽彦による提案理由説明
生産量制限の遵守規定
藤原道子の欠席で全会一致により参議院を通過

第5章　覚せい剤取締法の成立　*147*

第1節　覚せい剤取締法案をめぐる衆議院質疑　*148*

乱闘国会と繰り返される会期延長
　　会期延長回数制限へ自社両党首が合意
　　衆議院厚生委員会での質疑
　　「初代」環境庁長官・大石武一が守った尾瀬の自然
　　議員立法によるばくち法案
　　競輪と覚せい剤が社会の2大害悪だった
　　覚せい剤取締法の成立
　　レッドパージによる共産党議員の追放
　　覚せい剤取締法の施行
　第2節　覚せい剤取締法の議員立法としての特徴　*167*
　　「まっとうな」議員立法
　　異例の政策分野を扱った議員立法

第6章　二度改正された覚せい剤取締法　　*173*

　第1節　覚せい剤密造の広がり　*174*
　　在日朝鮮人による覚せい剤密造・密売
　　「思い切って朝鮮へ行ってみたら」
　　覚せい剤を武器とした共産主義の脅威の喧伝
　　覚せい剤中毒者を収容する総武病院の開設
　　「鏡子ちゃん事件」
　　死刑囚の「宮城送り」
　　ヒロポン撲滅の社会運動

第 2 節　二度の法改正による罰則強化　*190*

　高野一夫が中心となって進めた法改正
　1954 年改正法の成立
　日本民主党総務会が再改正案の国会提出を決定
　発議に賛成者も必要となった 1955 年改正法案
　「わが国民を守るために」取締りを
　厳罰化は密造者を国外退去させるため
　「二流の官庁」としての裁判所
　高野が口惜しさをぶつけた 10690 字

エピローグ　ぜひ観てほしい！『ヤクザと憲法』　*207*

　　思考停止に陥ることなく

あとがき　*211*

図表・写真・引用資料一覧　*214*
参考文献/URL 一覧　*217*
参照映画一覧　*225*
　人名索引　*226*
　事項索引　*229*

第1章
憂鬱からの逃走

第1節　「怪物」の甘美なささやき

「ソーマが憂鬱を癒す」

　人間ならだれしも不安や憂鬱からは逃れていたいと願います。毎日が愉楽に満ちていたらどんなによいことでしょうか。オルダス・ハクスリーの『すばらしい新世界』(*Brave New World*, 1932) は、薬でそれを可能にした世界を描いた逆ユートピア小説です。

　逆ユートピア小説といえば、ジョージ・オーウェルの『一九八四年』(*Nineteen Eighty-Four*, 1949) をすぐに思い浮かべます。オーウェルが脱稿した1948年の末尾2桁の数字を入れ替えたこの本は、トランプ大統領就任以降、アメリカでたいへんな売れ行きだそうです。「ポスト・トゥルース」(Post Truth；世論形成にあたり、「感情や個人的な信念」が優先され「事実」が二の次になる状況) がまかり通る現代に、オーウェルの警告が人びとの心をつかむのでしょう。

　そういえば、2018年3月12日に財務省が森友学園への国有地売却をめぐる決裁文書を書き換えていたことを認めて、政権を揺るがす大問題になりました。その日の午後、記者会見に応じた麻生太郎財務大臣は、「佐川〔当時の理財局長〕の答弁に合わせて書き換えたというのが事実だと思う」と言い放ちました。決裁文書が作成され、それに基づいて答弁すべき佐川宣寿理財局長がそれから外れる答弁をしたため、決裁文書をそれと矛盾しないよう書き直したというのです。『一九八四年』の主人公ウィンストン・スミスが勤務する「真理省」で

行っている仕事を、財務省も行っていたのかと仰天しました。

その17年前に刊行された『すばらしい新世界』も、ドラッグはびこる現代と決して無縁ではありません。「新世界」では、ソーマ（soma）とよばれる薬の服用が推奨されています。〝一立方センチのソーマは一〇人の憂鬱を癒す〟という合言葉が、聞き飽きるほど唱えられます（ハクスリー 2013：83）。

> 「不運にも充実した時間にぱっくり裂け目が開いてしまったときには、ソーマがある。甘美なソーマがある。半グラムで半日休暇をとったような効果、一グラムで週末を愉しんだような効果、二グラムで豪華東洋の旅を満喫したような効果、三グラムで永遠の闇に浮かぶ月世界に遊んできたような効果がある」。（同 85）

同書の訳注によると、ソーマの名称はインド神話に登場する神々の飲み物に由来し、それは植物の汁から精製され興奮と幻覚を催させるといいます。『すばらしい新世界』が刊行されたのは1932年です。なので、ハクスリーは当時覚せい剤を知る由もありませんでした。しかし、覚せい剤的な効果を持つ薬物が常用されている社会を描いたのです。

社会学者のエーリッヒ・フロムは、ナチス台頭の原因を社会心理学的側面から分析した『自由からの逃走』（*Escape from Freedom*, 1941）を著しました。その表現を借りれば、「新世界」の人びとは「ソーマ」によって「憂鬱からの逃走」を果たしていたのでした。

現代の日本で使用されている「ソーマ」は圧倒的に覚せい

剤です（図表 1-1）。その「甘美な」ささやきに負けて「逃走」してしまった、2 人の元プロ野球選手の事例を紹介しましょう。江夏豊と清原和博です。

図表 1-1　薬物事犯の態様別検挙状況（2016 年）

事犯別	覚醒剤事犯		大麻事犯		麻薬及び向精神薬事犯		あへん事犯	
	件数	人員	件数	人員	件数	人員	件数	人員
総数	15,219	10,457	3,439	2,536	784	412	11	6

出所）『平成 29 年警察白書』「統計資料」
https://www.npa.go.jp/hakusho/h29/data.html

日経新聞「私の履歴書」欄に「登板」した江夏豊

『日本経済新聞』の有名コラム「私の履歴書」欄を執筆したい、『文藝春秋』のグラビア欄の名物連載「同級生交歓」に写真が掲載されたい——。功成り名遂げると人はこうした「野心」を抱くらしいです。一方、私は「私の履歴書」欄を読むのを毎朝の楽しみにしています。2017 年 11 月の執筆担当は文化人類学者の石毛直道でした。その最終回である 11 月 30 日、来月の執筆者が予告されます。「あすから元プロ野球投手江夏豊氏」とあって私は少し驚きました。

今世紀に入ってからの「私の履歴書」欄執筆者のうち元プロ野球選手は、図表 1-2 のとおり 7 人います。

江夏を除く 6 人にはすべて監督の経験があります。これだけでも江夏の「登板」は意外に映ります。しかも、江夏には 1993 年に覚せい剤取締法違反で懲役 2 年 4 か月の実刑判決を受けた「前」があったのです。その江夏をよく起用したなと感心しながら、30 回の連載を楽しく読みました。初回の 12 月 1 日付の最後に江夏はこう書いています。

図表1-2　今世紀の『日本経済新聞』「私の履歴書」欄の元プロ野球選手執筆者

	氏名	掲載年月	監督歴
1	稲尾和久	2001年7月	太平洋クラブ、ロッテ
2	野村克也	2005年6月	南海、ヤクルト、楽天
3	長嶋茂雄	2007年7月	巨人
4	吉田義男	2008年6月	阪神
5	広岡達朗	2010年9月	ヤクルト、西武
6	王　貞治	2015年1月	巨人、ダイエー（後にソフトバンク）
7	江夏　豊	2017年12月	なし

筆者作成。球団名は当時。

「「壁」の中の2年は長かった。なんであんなバカなことをしたんだろう。もう二度とすまい——。社会に復帰してからは、なくした信用を自分の手で取り戻す、と誓って生きてきた」。

「もう二度とすまい」と江夏は誓ったとのことですが、これがどれほどむずかしいことか。覚せい剤取締法違反の検挙者の再犯者率は2016年で65.8％です（『平成29年版　犯罪白書』http://hakusyo1.moj.go.jp/jp/64/nfm/n64_2_5_2_1_3.html）。

事件から四半世紀近くが経ち、立派に更正してみせた江夏への「ごほうび」がこの「登板」だったのかもしれません。

孤独な元スター選手たち

なぜ江夏のような元スター選手が覚せい剤に手を染めたのでしょうか。江夏の親友で2018年4月に死去した元広島の衣笠祥雄は、当時の江夏の心境を次のように推し量っています。

「寂しかったんでしょう。もうそういうことしかないですね。彼は本当に野球が好きですからね。現場に戻りたいとか、いろんなことをしたいとかあったのがうまくいかなくて、そういう意味では寂しかったというのがあって、たまたまそういう環境が彼の周りに近づいてきたのが原因だったと思っていますけどね」。(江夏・松永 2015：217)

　同じく元プロ野球選手の清原和博も 2016 年 2 月に覚せい剤取締法違反容疑で逮捕されます。同年 5 月に東京地裁で懲役 2 年 6 か月、執行猶予 4 年の判決が言い渡され、確定しました。江夏は清原のことを「結局、寂しかったんやろうな」と評しています（2016 年 2 月 4 日付『朝日新聞』）。2017 年 7 月、雑誌のインタビューに登場した清原は、覚せい剤に手を出した理由を「寂しさであったり、辛さや苦しさなどから逃げる」ためだったと語っています（清原 2017：14）。

　また、その薬効については、「本当に恐ろしい薬物で、本当に怪物」「そのささやきと戦い続けるというのは、一生続くものなのかなと思っています」とテレビ番組のインタビューに答えています（TBS 系報道番組「ニュースキャスター」・放送日は 2016 年 12 月 24 日）。清原は高校時代にその高校生離れした活躍ぶりから「怪物」の異名をほしいままにしました。その元「怪物」が「怪物」とたとえたところに、覚せい剤の魅力と魔力が集約されているようです。

　両者とも絶望的な孤独感に苛まれ、そこから「逃走」するために覚せい剤に頼ってしまった。江夏は「覚醒剤に手を出

したのは、自分の弱さからだった」と述べています（江夏・波多野 2001：274）。その「弱さ」は厳しく批判されるべきであり、法による裁きは当然の報いでした。江夏を手本にして清原も信用を取り戻してほしいものです。そして将来、清原が書いた「私の履歴書」を読んでみたいです。

密輸覚せい剤は毎年 1 トン超

　私の勤務先の学生食堂の掲示板に、以下の啓発ポスターが掲出されていました（写真 1-1）。覚せい剤は「ダメ。ゼッタイ。」の薬物ですが、違法に所有・使用する人が後を断ちません。大学に貼られていることは、学生や若者もその例外ではないことを示唆しています。

写真 1-1　覚せい剤乱用防止をよびかけるポスター

2018 年 1 月 11 日、明治大学駿河台キャンパス・リバティタワー 17 階にて筆者撮影。
写真左は大麻の喫煙器具であるパイプ、右は覚せい剤を打つのに用いる注射器。
「たった一度で、簡単に消えてしまう。あなたの未来。」との標語は決して誇張ではない。

　覚せい剤は化学合成によって製出されます。そのために大掛かりな装置や器具が必要となり（引用資料 1-1）、その上合成にあたってたいへんな悪臭を放ちます。

　従って、国内で密造することはまず不可能で、現在国内に

引用資料 1-1　覚せい剤製出に用いられる器具類

出典：『アサヒグラフ』1954年12月1日号、3頁（番号は筆者がつけたもの）。東京・本所署に押収された器具類。写真に添えられた説明によれば、机上右上から①三角コルベン、②アスピレーター、③箱の上の分液ロート。中央にみえる④白い袋は50グラムの原末。これで2cc入りで1万本の注射剤が製造できる。

　出回っている覚せい剤の大半は密輸品です。密輸のやり方には洋上で船同士が覚せい剤を授受する「瀬取り」もあれば、海上コンテナや国際郵便を通じて持ちこむ方法もあります。東京税関は2018年2月23日に、国際郵便で密輸された覚せい剤約64キロ（末端価格41億円相当）を2017年12月に東京国際郵便局で押収したと発表しました。これは全国の税関による一度の押収量としては過去最大とのことです（2018年2月23日共同通信配信記事）。

　新手の手口は覚せい剤を製造できる液体「t-BOCメタンフェタミン」を輸入することです。化学変化を加えれば覚せい剤を製造できます。これは2017年12月末日までは規制薬物の指定を受けておらず、所持や輸入を止められませんでした。ですので、それまではこの液体を化学処理した覚せい剤も「流通」していたと考えられます。近畿厚生局麻薬取締部は2018年2月21日までに、これを所持し覚せい剤製造を準

備したとして大阪在住の男性を覚せい剤取締法違反（製造予備）で逮捕しました。「t-BOC メタンフェタミン」が押収された全国ではじめての事例となりました（2018 年 2 月 22 日付『日本経済新聞』（大阪））。

　2017 年の 1 年間のうち、全国の警察が摘発した覚せい剤密輸事件による覚せい剤の押収量は 1068 キロでした。過去 2 番目の多さです。過去最高だった前年よりも 360 キロ減りましたが、2 年連続で 1 トンを超えています。

　とはいえ、現在でも大日本住友製薬は厳重な警戒の下、医療・研究目的で覚せい剤（商品名・ヒロポン）を合法的に製造しています。独立行政法人医薬品医療機器総合機構の HP から医療用医薬品の添付文書情報を検索できます（http://www.info.pmda.go.jp/psearch/html/menu_tenpu_base.html）。その検索窓に「ヒロポン」と入れて検索すると、「ヒロポン注射液」と「ヒロポン／ヒロポン錠」の 2 件がヒットします。いずれも更新日は 2015 年 10 月 1 日となっています。

　のちに述べるように、覚せい剤取締法案の審議過程で、専門医たちの反対にあって覚せい剤の全面製造禁止までには追い込めませんでした。その際、ナルコレプシー（過眠症の一種）の治療に覚せい剤は有効だと主張されました。現在の日本では、過眠症の薬物治療に処方される中枢神経刺激薬として、メチルフェニデート、ペモリン、モダフィニルの 3 種があります。たとえば、モダフィニルは朝 1 回の服用で約 10 時間効果が続きます。それでも治療効果に限界があり、依然としてヒロポンも治療選択肢として残されているのです。

　ある専門医から得た情報によりますと、ヒロポンを含むア

ンフェタミン類は海外では過眠症や発達障害の標準的治療薬として現在も汎用されているのに対し、日本で取り扱う医療機関は都内にある一病院のみとのことです。これは取扱機関の知事承認や監査・ロット番号記録など薬剤管理の手続きがきわめて煩雑であること、注文生産であることなどが原因と考えられます。日本でヒロポンが治療選択肢として考慮されるのは、他の中枢神経刺激剤が無効な過眠症難治例に限られており、2018年4月時点で対象患者は2名だそうです（当該専門医から筆者あての2018年4月7日付メールによる）。

第2節　覚せい剤合法時代の「逃走」点描

戦後直後の芸人たちの疲労回復法

　プロローグでも書いたように、日本には1951年まで覚せい剤を禁圧する法律はありませんでした。薬局で合法的に購入できたのです。

　演芸評論家の吉川潮は、漫談家・柳家三亀松の伝記を書いています。そこには、「特攻隊用に作られたヒロポンが終戦後、大量に流れたため、都会では一部のエリート層を除いて、成人男性なら多少なりとも射っていた。特に芸人、役者、ミュージシャンら芸能人は多くの者が手を出した」との記述があります（吉川 2000：279）。私自身、このころ20代だった男性から「ヒロポンやってた。徹夜してもこれを射つとすっとして仕事ができるんだ」と聞いたことがあります。もう30年近く前の話ですので発言内容は不正確でしょうが、「ヒロポン」という言葉が印象的で記憶に残っています。恥ずかしな

がら、このときヒロポンが覚せい剤であることを私は知りませんでした。

　「ヒロポン」とは上記のとおり覚せい剤の商品名です。当時、覚せい剤中毒者のことを、ヒロポンにちなんで「ポン中」とよんでいました。柳家三亀松自身、極度の「ポン中」でした。東京・新宿の寄席・末広亭の席亭を37年間務めた北村銀太郎は、三亀松を「常軌を逸していた」「ヒロポンの王様」と称しています。「日に八十本もポンを打っていた」と吉川著には出てきます（同9）。これはいくらなんでも誇張されているような気がしますが。

　北村席亭は「あのころを思い出すと、自然とヒロポンが思い出されるね。もう、みんなポン中だもん。あのころっていうのは〔昭和〕二十一、二年から七、八年のあいだね」「誰が打って誰が打たないっていうんじゃない、もうみんなが打ってたね」と回想しています（冨田2001：89, 91）。

　なぜ芸人はヒロポンに手を出すのでしょうか。北村は解説します。「芸人は体、無理するからね。大阪や京都あたりに行って一仕事して、すぐに東京にトンボ返りしてまた一仕事したりするわけだから、なんでも疲労がとれるものがあれば使いたくなってしまう〔略〕しかも一本打って高座に上がると威勢もよくなって舌もよくまわるもんだから、ついそれを放せなくなってしまう」。（同93）

覚せい剤に「逃げた」ミヤコ蝶々

　1927年に7歳で初舞台を踏んでから長い芸歴をもつミヤコ蝶々は、1998年2月の「私の履歴書」欄を執筆しています。

そこで、自分も覚せい剤を打っていたことを赤裸々に綴っています。ただ、彼女の場合の使用目的は疲労回復のためではありませんでした。

> 「もやもやする心の逃げ場となったのが、「ヒロポン」という覚せい剤だった。／といっても昭和二十二、三年（一九四七、八年）当時、この薬は疲労回復薬として、どこの薬局でも売っていたし、芸能人や受験生が気軽に注射していた。人がうつのを怖がっていた私も、始めてしまうとあっという間に深入りしてしまった。一日に四十本もうち、そのせいで眠れないと、睡眠薬にも手を出した」。（ミヤコ 2006：424）

自ら覚せい剤中毒者となった作家の船山馨も、製造販売が禁止されるまで覚せい剤は「全国どこの薬局でも、無制限に売っているありふれた薬品でしかなかった」と書いています（船山 1978：60）。

この頃蝶々は前夫と別れ、後に南都雄二と名乗り蝶々との夫婦漫才で人気を博する男性と一緒になったばかりでした。前夫とつくった劇団からも身を退いたので、生活への切迫した不安を抱えていたのです。蝶々の長男・日向利一によれば、蝶々はJR阪和線美章園駅付近に住んでいて、駅近くの薬局でヒロポンが売られていたそうです。日向は「今でもよう覚えている」と当時を追憶しています。

> 「その薬局に祖父が1週間に1回買いに行く。紙箱にアン

第 1 章　憂鬱からの逃走

引用資料 1-2　アンプル参考画像

出　典：https://axel.as-1.co.jp/asone/g/NC7-3973-01/

プルが 10 本入っとって、それを 2 箱買うて来てね。〔略〕瓢箪みたいな形をしたアンプルの、へこんだところをヤスリで切って注射器でヒロポンを吸い上げる。1 〜 2 滴、注射針の先からピュッと出してから、腕をアルコールで拭いて注射するんです」（『週刊現代』2012 年 7 月 7 日号：64）

　アンプルとは薬剤の入った密封式のガラス容器のことです（引用資料 1-2）。
　ついに蝶々は覚せい剤中毒による自傷行為にまで及ぶようになり、精神病院に 20 日ほど入院します。退院後に蝶々に夫との漫才を勧めたのが前出の三亀松という巡り合わせです。この二人は 1955 年から放送された「蝶々・雄二の夫婦善哉」（当初はラジオ番組、1963 年からテレビ番組）で人気を博して、夫婦漫才での地位を不動のものにします。

コロムビア・トップの国会での告白
　漫才師から参議院議員に転じたコロムビア・トップ（下村

泰）は 1984 年 6 月 26 日の参議院社会労働委員会で、芸能界での覚せい剤の蔓延ぶりを告白しています。従軍し抑留されたトップは 1946 年 8 月に復員します。そのとき「我々の芸能界というのは〔覚せい剤に〕完璧に汚染されておりました。〔略〕このときには、何といいましょうか、もう一つのはやりものなんですね。清涼飲料水を飲むのと同じ状態だったんです、このときには。何でこんなものがあの当時に許されていたのか、今振り返って考えてみて、わかりません」。このように、先の北村席亭の証言を裏づけています。

その上で、覚せい剤中毒者となった芸能人の実名を次々に挙げていきます。楠木繁夫（歌手）、柳家三亀松（漫談家＝前出）、霧島昇（歌手）、なみの一郎（声帯模写）、樋口静夫（歌手）、三門順子（歌手）。このうちなみのは上着の上から覚せい剤を打っていたといいます。トップは「いきがっているとしか見えないんです。そして、打つことがいかにも最先端の芸能人であるという錯覚に陥っておるんですね」と評しています。さらに「恐らく僕は作家の方もお使いになったろうと思いますがね」と推測しています。次項で述べるように、まさにそうだったのです。

コロムビア・トップは自著のタイトルから取れば「芸人議員」、より一般的にはタレント議員として参議院議員を 3 期・17 年 6 か月務めました（2 期目は落選ののち半年後に繰り上げ当選）。タレント議員の草分けは 1930 年代から「のんき節」で人気を博した演歌師の石田一松です。1946 年 4 月の戦後最初の第 22 回衆議院議員総選挙に東京 1 区から立候補して当選しました。この総選挙は大選挙区制限連記制という特殊な選挙

制度で行われました。東京は定数10・2名連記の1区と定数12・3名連記の2区に分けられました。

　たとえば、東京1区の有権者は投票用紙に2名の候補者を記載するのです。一松と同じ東京1区で当選を果たした議員には、得票順に鳩山一郎（自由）、山口シヅエ（社会）、野坂参三（共産）、浅沼稲次郎（社会）と錚々たる議員がいました。一松は第7位当選でした。

　一松はその後も連続当選して4期にわたって在職しました。当初は日本正論党なる一人政党を立ち上げて選挙に臨みましたが、三木武夫に請われて国民協同党に加わります。昼間は政治家、夜は高座に上がる芸人の二足のわらじをはいた一松は激務から「逃走」するため覚せい剤に頼るようになります。議員会館でも公然とヒロポンを打つ。見かねた三木は覚せい剤問題が国会で議論される直前の1950年8月末から9月初めごろ、一松に入院して中毒を治すよう厳命します。そして、三木は妻の睦子に一松を極秘入院させるよう託して、9月6日から約4か月の訪米の途に就きます。退院して中毒から回復した一松は、覚せい剤取締法が可決・成立した1951年6月2日の衆議院本会議場にいたはずです。

　なぜ「はずです」と書いたかといいますと、衆議院本会議では議員の出欠はとっていないからです。この法案の採決は記名投票ではなく起立による採決でしたので、採決のため議場にいた議員の記録は残りません。

　その後、一松は1952年総選挙で4選を果たしますが、5選を目指した1953年総選挙では次点で落選してしまいます。捲土重来を期した1955年総選挙では7位で惨敗します（定数は

いずれも4)。翌年に胃がんにより死去します。まだ53歳でした。覚せい剤使用が寿命を縮めたのは明らかです。

オダサクの創作活動に欠かせなかった覚せい剤

体を酷使する点では、芸人のみならず常に締切りに追われる作家も同じです。人気作家ならばなおさらでしょう。睡眠時間を削って締切りに間に合わせなければなりません。

『夫婦善哉』(1940)が認められて一躍新進作家となったのが、オダサクこと織田作之助です。戦後直後には太宰治、坂口安吾らとともに無頼派とよばれました。オダサクは覚せい剤に頼って作品を量産していきます。妻の昭子によれば、オダサクが覚せい剤を覚えたのは、戦争末期に隣組仲間と麻雀にふけるようになり、その一人である刑事にヒロポンの錠剤を勧められたことがきっかけとのことです。オダサクは「頭がえらいスッキリする」とのめり込んでいきました。戦後、注射剤が出回るようになると自分で打つばかりか、「一本やったろか」と他人をも引きずり込もうとしたといいます(1968年2月11日付『読売新聞』)。

それを自己注射する写真までが残されています。トップのいうように「いきがって」撮らせたのかもしれません。

この写真をみると、左手で右の二の腕に刺しています。この部位で静脈を浮かせるのは困難ですから、これは明らかに皮下注射です。これだと静脈注射(静注)より効果・効率は悪くなります。だからというわけでしょうか、オダサクはのべつ幕なしにヒロポンを打っては書きまくりました。「一日二十本は下らない」(大谷 2013：289)。同じ無頼派の坂口安吾

は、「織田作之助はヒロポン注射が得意で、酒席で、にわかに腕をまくりあげてヒロポンをうつ」と書いています。そして、「織田が得々とうっていたヒロポンも皮下注射」だったと続けます。一方、安吾は伊豆の伊東で、ダンサーは「皮下では利きがわるいから静脈へ打つ」という話を聞いていました（坂口 1950）。

　安吾自身がヒロポンという薬名を知ったのはヒロポン発売間もない時期で、「東京新聞のY君がきかせてくれた」と書いています。とはいえ、戦争中は「ごやっかいになることも少なかった」。ですが、戦後は「ヒロポンを用いて仕事をすると、三日や四日の徹夜ぐらい平気」なくらいのヘビーユーザーとなります。ただ、自分はオダサクと違ってヒロポンを毎日は用いていない。「彼は毎日ヒロポンの注射をして仕事にかゝるのだが、毎日というのは、よろしくない」とオダサクを批判しています（坂口 1947）。

　おもしろいのは、オダサクが自らの過剰なヒロポン摂取を自戒するような掌編小説を物している点です。「薬局」と題されたその作品は、1946年8月26日付『大阪朝日新聞』に掲載されました。本文わずか400字に満たないものです。

　　その男は毎日ヒロポンの十管入を一箱宛買いに来て、顔色が土のようだった。十管入が品切れている時は三管入を三箱買うて行った。
　　敏子は釣銭を渡しながら、纏めて買えば毎日来る手間もはぶけるのにと思った〔略〕
　　男の顔は来るたび痛々しく痩せて行った。

> 「いけませんわ。そんなにお打ちになっては」
> 心臓が衰弱しますわと、ある日敏子は思い切って言った。
> 〔略〕
> 「いや大丈夫です。もっとも傍にあれば何本でもあるだけ打つから、面倒くさいが、毎日十本宛しか買わないことにしてるんです」

　当時の薬局でのヒロポンの売られ方がわかります。「管」とはアンプルで、1箱10アンプル入り、もしくは1箱3アンプル入りで売られていたのです。また、覚せい剤には食欲を減退させる作用があります。2013年11月16日付『朝日新聞』（京都地方面）は、21歳の女子大学生が「やせたい」と70回も覚せい剤を打った事件の判決公判を報じています。

　オダサクは1946年8月30日から『読売新聞』に「土曜夫人」の連載をはじめます。その11月下旬の執筆の様子は次のようでした。

> 「朝は十一時近くに起きた。『土曜夫人』を一気に書く。一時までに読売の藤沢が取りに来る。一回三枚半分を書くのに、ヒロポンの二ＣＣの作用を、もはや借らねばならなかった。部屋の裏は空き地で、ほうり捨てた空のアンプルが一杯になる」。（大谷 2013：317）

　400字詰原稿用紙3枚半ですから1400字になります。これを3時間で書き上げなければなりません。この重圧と毎日闘うのに覚せい剤を打ち続けたわけです。それがたたって、「土

曜夫人」は同年12月6日の第96回で打ち切りとなります。12月8日の『読売新聞』には作者が「重体」で「当分執筆不可能」との「社告」が出ました。「当分」ではなくこれで絶筆となったのでした。オダサクは1947年1月10日に肺結核の出血により窒息死しました。弱冠33歳でした。

長谷川町子によって描かれた覚せい剤

　覚せい剤に頼って作品を量産していたのは、オダサクばかりではありません。当時の作家たちが覚せい剤を常用していたことをうかがわせる漫画を、「サザエさん」でおなじみの漫画家・長谷川町子は3作描いています。

　長谷川は『週刊朝日』誌上で1949年4月10日号から12月25日号まで「似たもの一家」と題された1頁11コマの漫画を36本連載しています（休載は5月1日号と8月14日号の2回）。それがのちに姉妹社から『似たもの一家　第一集』(1953)、『似たもの一家　第二集』(1952)として単行本化されます。第二集が先に出るのは不思議なのですが、古書店から入手した両著の奥付の日付はそうなっています。「似たもの一家」は朝日新聞社から出された『エプロンおばさん④　似たもの一家　長谷川町子全集29』(1998)にも収められています。ただし、36本すべてではなく、そのうちの24本のみです。しかも、配列は『週刊朝日』に発表された時系列になっていません。

　『週刊朝日』に連載されたオリジナルには、回数の表記のみでタイトルはありません。姉妹社版にはタイトルが付けられました。回数表記はありませんが、掲載順は発表順になって

います。『週刊朝日』1949年6月26日号に掲載された作品のタイトルは「ヒロポン」（第一集・49-52頁）です。

その家のあるじで作家の伊佐坂難物が、「ゴの友だちがきたら一寸ちゅうしゃにいったからと・な」と言って外出します。サザエさんによく似たお手伝いさんがそれを聞き漏らします。やがて「ゴの友だち」が来宅します。あるじ不在の理由を問われて困ったお手伝いさんは、「にわかに気が荒くなって」「ゲタをくわえてふりまわしてあばれますものですから」と、その家に飼われている犬のやんちゃぶりを説明してしまいます。その後、病院から戻ってきたあるじと出くわした「ゴの友だち」は、「またこんどおじゃまするよ」とあわてて辞去します。あるじがご機嫌で家に入っていくのをみながら、「ヒロポンのぎせい者ですよ　おしい男でした　なア」と周りの人に話しかけます。1949年では覚せい剤はまだ非合法化されていません。もはや、覚せい剤中毒者が社会問題化していた世相が読み取れます。

10月23日号の連載第27回でも覚せい剤が題材になっています。

サザエさんそっくりの母親が、それぞれワカメちゃんとタラちゃんそっくりの子どもたちを「一寸いそぎの用がありますので」と言って、お隣宅に預けます。子どもたちはその家のあるじの部屋をみつけます。座卓があり机上には原稿用紙、筆記用具、置き時計、さらに小瓶が置いてありました。不在のあるじは作家なのです。その3コマ先で子どもたちは「キャッキャッ」と笑い転げています。次のコマでイササカ先生らしきあるじが妻に、「だれかヒロポンのフタをあけてのんだ

ものがいるゾ」と尋ねます。子どもたちはヒロポン錠を服用してしまったのです。オダサクは極端な例としても、当時の作家たちがヒロポンを手放せなかったことが示唆されています。

　マニアックに興味深いのは、姉妹社版ではこの作品のタイトルは「お隣りの子供」(第二集・37-40頁)となっていますが、朝日新聞社版の全集では「ヒロポン」と変わっているのです(233頁)。そして、姉妹社版で「ヒロポン」と題された作品は全集には再録されていません。姉妹社版と全集でタイトルを比較すると、姉妹社版での漢字表記が全集ではひらがなに直っているなど小さな変更が加えられているのが13本ありました。しかし、タイトルが全く変わっているのはこの「お隣りの子供」だけです。

　「磯野家の謎」ならぬ「似たもの一家」の謎です。

「サザエさん」の問題作

　驚くべきは、1952年12月8日付『朝日新聞』に掲載された「サザエさん」も覚せい剤を題材としている点です。「似たもの一家」の2作と異なり、すでに覚せい剤取締法が施行されていた時期です。

　作家が薬局で「カクセイざいをくれたまえ」と注文する1コマ目にまず目を見張ってしまいます。作家は帰り道に会ったサザエさんに自分も出演する「文士劇」の招待券をプレゼントします。そして「これからてつやでせりふのもうれんしゅうです」と言って自宅に戻ります。落ちは作家の書斎のラジオから「今日カクセイざいをかったかた、あれはスイミン

ざいでした」との放送が流れ、作家が座椅子で「爆睡」しているシーンです。台本がその横に落ちています。

　これだけをみると、覚せい剤取締法が施行されてから1年以上が経っていたこの頃も、覚せい剤が薬局で公然と売られていたと思ってしまいます。ところが、同年12月16日付『朝日新聞』の投書欄「声」に、日本薬剤師協会理事からの次の投書が載りました。この漫画は「くすり屋でカクセイ剤をごく簡易に買えるような印象を与えている。〔略〕薬剤師、薬業者は販売既得権をすてて社会浄化に努力している。〔略〕あの図を見て中毒者にはノスタルジア（郷愁）を、一般人には簡単入手の錯覚を与え、まことに罪なこととはいえまいか。世論の力であの法律〔覚せい剤取締法〕ができているのに、それを否定するようなものが漫画として掲げられることは、かりに実害がないまでも、許し難いものと断定せざるをえない」と。

　新聞に連載された「サザエさん」は姉妹社から単行本化されました。全部で68巻になります。ただ、この作品は長谷川の意思で収録されませんでした。これを含めて没作品696点が『おたからサザエさん』として、2018年に6巻本となって朝日新聞出版から刊行されました。上記の問題作は2巻19頁に出ています。

ヒロポニア作家たち

　イササカ先生は架空の作家ですが、実のところ、太宰治、田中英光、高見順、前出の船山らも覚せい剤ヒロポンを常用していた「ヒロポニア」でした。その傾向を苦々しくみた作家の三好十郎は、新聞・雑誌に連載を6、7本抱えて毎月300

枚も書きまくっていた流行作家「B君」の小説の質を批判しています（1949年12月12日付『読売新聞』）。1949年8月10日付『朝日新聞』「天声人語」は「戦後派文学、肉体派文学はほとんどヒロポン文学といつてよいほど、ヒロポン中毒の頭脳の中からはき出されたものである」とまで断じました。

　1949年10月24日付『読売新聞』「編集手帖」は、こう嘆いています。「いまの日本の小説がヒロポン小説といわなければならぬことは日本の作家にとつても名誉なことではない」。そして、ヒロポンの追放を主張するのです。「それによつてヒロポン小説がよめないことなど、文化の健全復興のためならばわれわれはなんぼでも我慢する用意がある」。

　実は、編集手帖子がこのコラムを「我慢」で結んでいるのには訳がありました。その冒頭に「ヒロポンを服用していた」とあっけらかんと白状しているのです。新聞社の看板コラムの執筆記者までもが当然のごとく覚せい剤を使っていました。もちろん、まだ覚せい剤取締法施行前ですから、なんら違法性はありませんが。ちなみに、1951年7月に同法が施行される当時には、覚せい剤中毒者は50万人といわれました。

　ところで前述のとおり、ミヤコ蝶々は覚せい剤で眠れなくなると睡眠薬も服用していました。この睡眠薬はアドルムだと思われます。坂口安吾はその中毒となり東大病院神経科に入院しています。1949年6月14日付『読売新聞』「編集手帖」によれば、「いわゆる戦後の流行作家はジャーナリズムに追いかけられて大なり小なりヒロポンによつて書きまくりアドルムによつて神経的な眠りをねむる」状況でした。

　東京・世田谷区八幡山に雑誌図書館の大宅壮一文庫があり

ます。ときに私も利用し、本書執筆のための資料もいくつかそこに足を運んで入手しました。京王線八幡山駅から赤堤通りを南へ歩くと、まもなく左手に広大な都立松沢病院の敷地がみえてきます。同院は精神科の専門病院です。創立は1879年にさかのぼります。前出の「ヒロポニア作家」田中英光は太宰治の墓前で自殺します。その前にアドルム中毒でここに入院していたのでした。

　田中の代表作は『オリンポスの果実』です。「あなたは、いったい、ぼくが好きだったのでしょうか」で結ばれるこの小説のすがすがしさとの落差に、言葉を失います。

　さて、覚せい剤に頼って人びとが様々な事柄から「逃走」している光景を点描してきました。疲労から悩みから睡魔から「逃走」する特効薬として覚せい剤はきわめて重宝されました。そもそも覚せい剤とは、いかなる薬物なのでしょうか。

第2章
覚せい剤の薬効、表記法、そしてルーツ

第1節　覚せい剤とはなにか

「快楽物質」ドーパミン

　覚せい剤とは中枢神経系を興奮させる薬物です。では中枢神経系とはなにか。百科事典の記述に委ねます。「神経系は、中枢神経系と末梢神経系とに二大別される。中枢神経系とは脳と脊髄とをいい、これらとさまざまな器官（筋肉、腺、感覚器など）を連結するものを末梢神経系という」（ウェブ版『日本大百科全書（ニッポニカ）』）。よく「運動神経がいい」といいますが、運動神経とは「身体運動の調節をつかさどる末梢神経」（同）です。

　人間の脳内には、ドーパミンとよばれる神経伝達物質があります。これは快感を生み出し脳機能を活性化させ、活動への意欲を高める働きをします。「快楽物質」ともよばれるものです。人は多くの困難に打ち勝って所期の目標を達成できたとき、この上ない喜びを感じます。その多幸感をもたらす脳内物質こそドーパミンなのです。

　たとえば、私はある週刊誌に月に1回、1300字程度の政治時評を2011年4月から連載しています。毎月、その締切りの週を迎えると憂鬱になり、そこから「逃走」したくなります。それでも毎回、題材を集めてなんとか書き上げて提出します。しばらくすると、先方から校正用のゲラが送られてきます。これをみるととても楽しい気分になります。「ああ報われた、来月も頑張ろう」と思ってしまうのです。このとき、私の脳内には大量のドーパミンが分泌されています。

つまり、ドーパミンとは「ヒトの脳が用意した「頑張っている自分へのご褒美」なのです」（中野 2014：5）。

頑張らなくても「ご褒美」がもらえる

とはいえ、人間は横着なので頑張らなくても「ご褒美」をほしくなります。このドーパミンを強制的かつ過剰に脳内に放出させる薬物こそ覚せい剤なのです。楽をしても「ご褒美」がもらえる。この快感を脳はすぐに覚えます。ですから、19頁の**写真1-1**の標語「たった一度で、簡単に消えてしまう。あなたの未来。」となるのです。これについて、前出の清原は次のように形容しています。

> 「とにかく、絶対だめだと言い聞かせれば止められるとか、精神力が強いから止められるとか、そういうものではないと。脳に１回インプットされてしまうと、それによってどういう行動を起こしてしまうとか、どういう嘘をつくとか。（覚せい剤を）使うために自分の中での順位付けが変わってくるんですよね」「１度使うと脳が（覚せい剤の）快感を覚えてしまうんです。そうすると、いくら自分の中でそれよりもっと大事にしていることがあっても、それに反して、自分の意志と関係なく優先順位を狂わせていって（覚せい剤を使うことが）最優先になってしまうという……」（清原 2017：14-15）

加えて、ドーパミンは脳機能を活性化させ、異常なまでの集中力をもたらします。たまたま私が傍聴した覚せい剤取締

法違反事件の公判（東京地裁第722号法廷・平成25年特（わ）1286号・2013年11月5日）でも、被告人は「使うと自信、やる気が出た」と供述していました。やはり覚せい剤取締法違反で2009年11月に有罪判決を受けたタレントの酒井法子はこう書いています。

> 「わたしの場合は、夢中で家事にのめり込んだ。さっきまでくたびれていたのがウソのように体が動いた。ため込んでいた洗濯物を、一気に洗って片付けられる。散らかっている部屋の掃除を、集中して何時間でも続けることができる気がしていた」。(酒井 2010：182)

人間の集中力には限界があります。私が勤務する大学では、2017年度からそれまで90分だった授業時間を100分に延ばしました。学生をだらけさせずに100分もたせるのはたいへんです。また、私は会議の主宰者を務めるときには、会議を1時間以内で終わらせるよう心がけています。それ以上続けても、同じ議論の繰り返しになり無意味なことが多いからです。

労せずして快感を得られ、集中力を「何時間でも」持続できる。これこそ、覚せい剤の最大の魅力にして魔力にほかなりません。

右翼と左翼で正反対の死生観

2018年1月21日の早朝、保守思想家の西部邁は多摩川に入って自ら命を絶ちました。78歳でした。生前親しかった漫

画家の小林よしのりは自身の HP に、「予告通りに自分で自分の人生に決着をつけるとは立派だ」と追悼文を載せました (https://yoshinori-kobayashi.com/14902/)。ただし、その後この「自殺」には不審な点が多いことがわかり、自殺幇助の疑いで二人が逮捕されましたが。

同じく保守思想家として著名だった江藤淳も 1999 年に自殺しています。まだ 66 歳の若さでした。右翼活動家の野村秋介が朝日新聞社内で拳銃自殺したのは 1993 年でした。享年 58 歳。三島由紀夫の割腹自殺（1970 年 11 月 25 日；享年 45 歳）、さらには"烈士"山口二矢の東京鑑別所内での縊死（1960 年 11 月 2 日；享年 17 歳）。「自分で自分の人生に決着をつける」ことへの美学が保守思想と親和的なのでしょうか。

対照的に、左翼の活動家はおしなべて長寿です。拷問や内ゲバで落命することはあっても、自ら命を絶つことは決してしません。現世を変革することこそ彼らの存在理由であり、従って生物学的に可能な限り現世にとどまる必要があるのです。たとえば、戦後に共産党の指導者になる徳田球一は、18 年に及ぶ獄中生活を「食事は残すことなく、作業も怠らず」生き抜きました。これを可能にしたのは、徳田が堅忍不抜の精神力の持ち主だったことのみに帰せられません。それにも増して、「コミュニストの本領を発揮した」点を押さえることが重要でしょう（富田 1981：95-96）。

徳田は失脚して 1953 年に北京で客死します。その後、共産党の指導者に就く野坂参三は 101 歳、宮本顕治は 98 歳の天寿を全うします。戦後釈放されるまで 12 年も収監された宮本の獄中での生活ぶりは実に立派だったそうです。徳田と同じ二

つの理由が考えられます。その宮本の後継者である不破哲三は88歳のいまも健在です。依然として共産党の常任幹部会委員に留まり、党の方針決定に隠然たる影響力をもっているといわれているくらいです。

西部邁の「度胸」

さて、西部の「自殺」の報に接して前置きが長くなってしまいました。話を覚せい剤に戻しましょう。西部は自伝的著作『友情』の中で、すごいことを告白しています。

> 「「そうそう、アレを持ってきたんだ、本当にやるのかい、東大の先生になる者にこんなことをしてよいのか」といいつつ、はや、注射器を出していた。私が左手の静脈を示すと、彼は「あまりいい品物でないんで、心臓を通るとき一瞬だけグッとくるかもしれないけど、驚かないでくれ」といった」。（西部 2011：97）

「アレ」とは覚せい剤です。西部には中学二年のとき出会って以来の親友がいました。西部と同じ札幌の名門高校に進学しますが、中途退学し任侠の道を歩んでいきます。「彼」は朝鮮人の父と日本人の母の間に生まれた「半チョッパリ」でした。「チョッパリ」とは韓国語で日本人を意味する蔑称です。

西部と「彼」は1969年に札幌で再会します。すでに「彼」は覚せい剤に侵されていました。西部は彼にキャバレーに連れていかれ、しこたま飲まされる羽目になります。勢いでつい「俺もそのうち一度はやってみるかな」と口走ってしまう

のです。「彼」は「そのうち君のところに持っていくよ」と応えました（同84）。

　3年後、西部の自宅に「彼」から「アレ、持ってきたぞお。」と電話が入ります。「彼」は札幌の一夜の約束を覚えていたのでした。当時、西部は横浜国立大学経済学部助教授であり、東大教養学部助教授への移籍が決まっていました。電話があったその日のうちに「彼」は西部宅を訪れます。そして、上記の行為に及ぶのです。

　のちに詳しく述べる覚せい剤取締法は、覚せい剤の使用（第19条）を禁止しています。それを犯せば10年以下の懲役に処せられます（第41条の3第1号）。もしこのとき西部が使用の現場を押さえられれば、東大栄転はおろか横浜国大の職も解かれ、研究者人生は一巻の終わりだったに違いありません。その「度胸」に驚嘆を禁じ得ません。西部は1974年4月1日付で無事、東大教養学部助教授に着任します。

　「彼」が持ってきた覚せい剤は「あまりいい品物でない」代物でした。純度の高い覚せい剤を「マブネタ」あるいは「ユキネタ」といいます。西部も「そのグイは大したものではなかった」と回想しています（同97）。ですが、覚醒効果は抜群で、「ある雑誌から頼まれていた短い原稿を書いてみたら、あっというまに仕上がり、翌日読み返してみても、結構の出来上がりであった」とのことです（同98）。

　実は「彼」はこのとき、西部の妻にも覚せい剤を打っています。その後、妻は翌日に娘が幼稚園のバレエで身につける衣装のギャザーを寄せる作業を、「脇目もふらず」1時間も続けました。前出の酒井が指摘している覚せい剤の薬効です。

西部は、一度の使用で覚せい剤が「どんなに「やばい」ものであるか」を認識し、「二度とふたたびヒロポンに近づくまい」と固く誓ってそれを貫きました（同 98-99）。上述の清原のコメントに照らせば、西部は希有な例外に属するといえます。

みたび『薬物に負けた俺』

　2015 年 7 月末に、それを証明するかのようなニュースに接しました。山口県山陽小野田市の市議会議員・福田勝政容疑者（70）が覚せい剤取締法違反（使用）の疑いで 7 月 30 日までに逮捕されたというのです（7 月 31 日付『中国新聞』）。その後、逮捕日は 29 日であることが判明しました。

　前年 7 月 18 日付『朝日新聞』山口県版に、当時の福田市議の活躍を紹介する記事が載っています。彼は 35 歳で覚せい剤に手を染め、36 歳のとき逮捕され、執行猶予判決を受けました。

　覚せい剤取締法違反事件で所持・使用の初犯の場合、懲役 1 年 6 か月・執行猶予 3 年が量刑相場になっています。酒井もこの量刑でした。一方、江夏は所持・使用の初犯で 2 年 4 か月の実刑判決でした（1993 年 7 月 15 日横浜地裁判決、同年 12 月 24 日東京高裁控訴棄却＝確定）。これは常習性の強さと所持量が 52 グラムという自己使用分としては桁外れの量だったことによります。一般的に 1 回の使用量は 0.02 〜 0.03 グラムだそうです。酒井の所持量は 0.008 グラムでした。

　さて、福田はその後 40 歳のころ再び覚せい剤におぼれ逮捕され、今度は実刑判決を受け約 8 か月間服役しました。出

所後は「ひきこもっていてはまた手を出してしまう。とにかく人前に出ないと」と意を決し、ボランティア活動や交通安全運動に勤しむことになります。旧小野田市議だった父の後継として1999年に54歳で市議に立候補し初当選を果たします。そして、3期目だった2010年に『薬物に負けた俺』を自費出版するに至ります。1984年9月17日（月）の2回目の逮捕の日から翌年7月11日（木）に山口刑務所を出所するまでの獄中日記です。

　私はこの新聞記事を読んで、福田市議あてにその本を入手したい旨の手紙を書きました。すると、2014年8月2日に福田から同書が送られてきたのでした。表紙には、山陽小野田市役所前に立てられた「みんなで追放　魔の薬　覚せい剤」と大書された広告塔の右側に福田が立っている写真が掲げられています（引用資料2-1）。あとがきには「残りの人生をとにかく、この薬物から守る運動に捧げたいと思っております」と記されています（福田 2010：243）。ところが、その本人が

引用資料2-1　福田勝政『薬物に負けた俺』表紙

みたび覚せい剤に手を染めてしまったのです。その報に触れ、やりきれない思いを抱くとともに、覚せい剤はまさに「魔の薬」であることを痛感させられました。

ちなみに、山陽小野田市役所に照会したところ、この広告塔は経年劣化したため2012年度に改修されました。いまでは「薬物乱用。一回でも『ダメ。ゼッタイ。』」「違法ドラッグ買わない。使わない。かかわらない。」「ＮＯ！薬物乱用子どもの未来を守る。」の三面広告塔に変わっているとのことです（筆者あて2018年1月10日付メール）。

覚せい剤の呼称

覚せい剤取締法第2条第1号は「覚せい剤」を「フエニルアミノプロパン、フエニルメチルアミノプロパン及び各その塩類」と規定しています。それぞれ次のような別称があります（図表2-1）。

図表2-1　覚せい剤の呼称

呼称Ⅰ	フェニルアミノプロパン*	フェニルメチルアミノプロパン*
呼称Ⅱ	プロパミン	メチルプロパミン
呼称Ⅲ	アンフェタミン	メタンフェタミン
主な商品名	ゼドリン	ヒロポン

　　筆者作成。
　　*法律文では拗促音の小文字を普通の大きさの文字で表記
　　するため、「フェ」は「フエ」となる。

本書ではこれらのうち、通称として最も定着している「アンフェタミン」「メタンフェタミン」を用いることにします。

第 2 章　覚せい剤の薬効、表記法、そしてルーツ

かつては「ヒロポン」の商品名で販売され、現在日本国内で密売・使用されているのはもっぱらメタンフェタミンです。メタンフェタミンのほうがアンフェタミンの 10 倍の薬理作用を有するとされます。アンフェタミンも覚せい剤取締法以前は「ゼドリン」の商品名で販売されていました。それぞれの錠剤の容器は以下の写真のとおりでした（引用資料 2-2）。

引用資料 2-2　ヒロポン錠（左）とゼドリン錠の容器

出典：北多摩薬剤師会の HP 内の「くすり博物館」
（http://www.tpa-kitatama.jp/museum/museum_03.html）

イササカ先生が机上にヒロポン錠を置いていたことは先述しました。これに対して、ヒロポンで徹夜を続けたと 1947 年には書いた坂口安吾は、やがてゼドリン錠に「転向」します。「ヒロポンの錠剤は半日持続しないが、ゼドリンは一日ちかく持続する。副作用もヒロポンほどでなく、錠剤を用いるなら、ゼドリンの方がはるかによい」。（坂口 1950）

アンフェタミン常用者だった JFK

実はゼドリンすなわちアンフェタミンは、JFK ことアメリ

カのケネディ大統領も服用していました。

　政治家にとって最大の敵は健康不安説が流されることです。ケネディはアメリカ史上最年少の43歳で大統領に就任しました。先立つ大統領選では、病み上がりのニクソン候補とテレビ討論で対決し、元気はつらつたるイメージを国民に振りまいて、接戦を制したのです。

　ところが、そのイメージの背後でケネディは体調不良に苦しんでいました。1961年8月の罹患記録には「激しい下痢」などいくつもの消化器系の疾患が記されていました。映画『大統領の執事の涙』（米・2013）によれば、ケネディは毎日「だいたい103錠」もの薬を服用していたとのことです（DVD開巻後59分38秒）。とりわけ持病の腰痛は大敵でした。この映画にはカーペットに仰向けになっているケネディが自分では起き上がれず、主人公の執事に「起こしてくれ」と頼んで、右手を差し出して執事に立たせてもらうシーンがあります。ここでケネディがこぼす「ア〜」といううめき声が激痛を想像させます（59分45秒〜49秒）。1961年6月16日にはそれが悪化して松葉杖をついている写真が撮られています。ダレク（2009）の332頁と333頁の間に32頁にわたって、ケネディにまつわる写真が挿入されています。その21頁目にあります。

　松葉杖をついた姿など国民にみせられません。そこでケネディが頼ったのが覚せい剤の一種であるアンフェタミンでした。アンフェタミン注射のおかげで、ケネディは松葉杖なしで歩くことができたのです。ただしコルセットをつけておく必要がありました。そして、1963年11月22日のテキサス州ダラスでのオープンカーによるパレードの日を迎えます。こ

のとき「彼は普段よりも身体を強く固定させるため、腰のコルセットと両脚の大腿部に、何重にも包帯を巻きつけていたのである」。(オライリー 2013：299)

　ケネディを狙った弾丸は3発発射されました。1発は外れ、もう1発は「骨には当たっておらず、右の肺が傷ついたものの、この時点で彼の心臓と肺は問題なく機能していた。／ケネディは生きていた。〔略〕この一撃だけで命を落とすことはなかっただろう」。この瞬間に体を前に屈めておけば、「5秒足らずで飛んでくる次の銃弾は頭蓋の上を無事に通り過ぎていたかもしれない」(同297, 300)。不幸なことに、コルセットとぐるぐる巻きにされた包帯のために、ケネディは体を伏せることができなかったのです。最後の弾丸がケネディの頭部に命中する瞬間をいまではウェブ上でみることができます(https://www.gizmodo.jp/2013/11/jfk_1.html)。

アンフェタミンで脚本を量産したトランボ

　アンフェタミンといえば、映画『ローマの休日』のシナリオを友人名で書いた脚本家のダルトン・トランボを忘れるわけにはいきません。その生涯を描いた映画『トランボ　ハリウッドに最も嫌われた男』(2015) を観ると、トランボがバスタブに浸かりながらタイプライターをたたき、アンフェタミンの錠剤「ベンゼドリン（Benzedrine）」をウイスキーで流し込んで脚本を量産しているシーンがあります（DVD開巻後1時間11分52秒）。このシーンでDVDを止めると、トランボ役のブライアン・クランストンが、ベンゼドリン錠の薬瓶に貼られた「BENZEDRINE TABLETS」と書かれたラベルを、

49

カメラに正面から映るようにして服用していることがわかります。

　元々トランボはハリウッドでトップクラスの高給を得ていた脚本家の一人でした。ところが、1940年代末からハリウッドを席巻した「赤狩り」に屈しなかったため、議会侮辱罪で服役させられました。出獄後もブラックリストに名前が載せられたため、実名で仕事ができない状況に追い込まれたのです。彼らのことをブラックリスティとよびました。

　トランボはアンフェタミンで疲れをとばして、1本1000ドル単位のシナリオを偽名やフロント（代理人）名で書きまくるほか生計の資を得られませんでした。かつてはシナリオ1本7万5000ドルとまで言われたトランボが、です。『ローマの休日』は1953年8月27日に米ニューヨークのラジオ・シティ・ミュージックホールで封切られます（日本では1954年4月27日から日比谷映画劇場にてロードショー上映、長崎・佐世保富士映画劇場で4月21日から先行公開）。しかしそのスタッフロールには、ブラックリスティであるトランボの名前はクレジットされませんでした。代わって、フロントとして友人のイアン・マクレラン・ハンターが原案者としてクレジットされました（"Story by Ian McLellan Hunter"）。製作会社のパラマウント社は、実際はトランボが書いた『ローマの休日』の第1稿を5万ドルで買い取ったとのことです。ハンターにはいわばフロント賃としてその3割が支払われました。

　ちなみに、先述の映画『トランボ　ハリウッドに最も嫌われた男』には、トランボとハンター（アラン・テュディック）がその分け前を交渉するシーンがあります（33分28秒以降）。

トランボが「分け前は半々だ」と提案したところ、ハンターは「バカ言うな　俺は1割でいい」と突っぱねます。トランボは「2割もらえ　3割だ　もう譲らんぞ」と言って押し切ります。ハンターは「商売が下手だな」と渋々受け入れたあと、「題名が嫌いだ」と言います。同席していたトランボの娘ニコラ（エル・ファニング）も「私も」と加勢します。「なぜ？」と問い返すトランボに、ハンターは「「王女と無骨者？」　人形芝居みたいだ」「じゃ　変えろ」「変えたよ」「この方がいいと？　「ローマの休日」？」(34分25秒) と驚くトランボに、「私好きよ」とニコラ。

　『ローマの休日』はトランボのシナリオ段階では『王女と無骨者』というタイトルでした。それがハンターの助言により『ローマの休日』に変えられたのです。ハンターの取り分は半々でもよかったのでは、と思ってしまいました。

　さて、ケネディが103錠ならドイツのヒトラーには77種類もの薬が処方されていました。独裁者ヒトラーといえども戦争の重圧は相当なものでした。そこから逃れるため、メタンフェタミン製剤「ペルビチン（Pervitin）」を服用していたといいます。ちなみに、北朝鮮（朝鮮民主主義人民共和国）の金正恩朝鮮労働党委員長については、「核・ミサイル開発に対する国際社会の制裁強化に伴い、正恩氏の飲酒量は増え、過去と現在の指示に矛盾も増えている」と報じられています（2017年12月5日付『朝日新聞』）。最高権力者は抱える想像を絶するストレスから「逃走」しようともがくのです。

第 2 節　覚せい剤と覚醒剤

"nose-powder"をどう訳すか

　そのヒトラーとチャップリンは同じ 1889 年 4 月生まれで、誕生日が 4 日しか違いません。チャップリンが、「なんとしてもわたしは、血の純潔民族などという彼らの神秘的世迷事を笑いものにしてやりたかった」（チャップリン 1966：459）として作成した映画が『チャップリンの独裁者』(1940) です。4 年前には、チャップリン自身初の社会派作品となる『モダン・タイムス』(1936) をつくっています。『独裁者』はチャップリン初の全編トーキーでしたが、『モダン・タイムス』はまだ基本的にはサイレント映画です。ただ「支配者たる社長だけが声を持ち（トーキー）、搾取されるチャーリーら労働者には声がない（サイレント）という、サイレント／トーキーを使い分けた演出は見事としか言いようがない」。（大野 2015：67）

　作中にチャップリン扮する失業者が共産党のリーダーと間違えられて、「拘置所」（字幕の jail をそう訳しています）暮らしをするシークエンスがあります。入所初日の食事シーンでは、Searching for smuggled "nose-powder." という字幕が出ます。VHS 版の「チャップリン作品集 6　モダン・タイムス」(1993) の字幕に付けられている邦訳は、「持ちこまれた"興奮剤"を捜索して」となっています（VHS 開巻後 25 分 47 秒）。日本語字幕担当者は清水俊二です。あの字幕翻訳家の大家である戸田奈津子の師匠にあたる方です。片や、「DVD チャップリン メモリアル・エディション IV」(2010) 所収の

場合、日本語字幕は「持ちこまれた"覚醒剤"の捜索」に変わっています（DVD開巻後24分08秒）。

　持ち込み犯が食卓塩の入った小瓶にその粉末をこっそり入れます。この男の隣に座った、そうとは知らぬチャップリンが小瓶を手にして、粉末の混ざった塩をパンや料理にふんだんにふりかけます。食事が進むうちにチャップリンは次第に「覚醒」し、やがては大立ち回りを演じて爆笑を誘います。

　とまれ、"nose-powder"の訳語として"興奮剤"と"覚醒剤"のどちらがより適当でしょうか。『広辞苑』で「興奮剤」を引くと「脳を興奮させる薬剤。カフェイン・カンフルなど」と説明されています。一方、初のメタンフェタミン製剤であるペルビチンがドイツで発売されるのは、1938年です。この映画がつくられた時代にはまだ覚せい剤は薬物として存在していません。ですので、""でくくられているとはいえ、覚醒剤と訳を付けるのはやや戸惑いを覚えます。

　ただ結果論として、「せい」ではなく「醒」を用いたことで正しかったともいえるのです。『覚醒剤大百科』は、覚せい剤と覚醒剤を以下のとおり定義し分けています。

　　覚醒剤（広義）──カフェイン、コカインなどを含む。
　　覚せい剤（狭義）──メタンフェタミン（「ヒロポン」）。
　　　　　　　　　　　　　　　　　　　覚醒剤研究会（2010：4）

　"nose-powder"とは俗語でコカインを意味します。コカインなど植物由来の覚醒剤（広義）は、日本では麻薬及び向精神薬取締法によって取り締まられます。化学合成される覚せ

い剤（狭義：メタンフェタミン）には覚せい剤取締法が適用されます。

なぜ「せい」と表記するのか

　紛らわしいのは、「醒」の字が「新常用漢字表内閣告示」（2010年11月30日）で、常用漢字表に新たに加わったことです。これに依拠して、朝日新聞と読売新聞は「覚醒剤取締法」「覚醒剤」と書くようになりました。その告示翌日の2010年12月1日付『朝日新聞』は「刑罰の一種「禁錮」は、これまで「錮」が常用漢字に無かったため新聞では「禁固」と書き換えていましたが、法律通りの表記になります」と書きました。「覚せい剤取締法」が正式表記であり、「覚醒剤取締法」なる法律は存在しません。「法律通りの表記」と言うなら、「覚せい剤取締法」のままにすべきではないでしょうか。傍点まで正確に付けよとまでは言いませんが。ちなみに、なぜ「せい」と傍点を付けたのか、その根拠資料を厚生労働省に行政文書開示請求を行いました（2018年1月10日付）。すると、同省医薬・生活衛生局医薬情報室から該当文書は存在しないとの電話回答がありました（1月22日）。傍点が付けられた根拠はわからずじまいでした。

　あとはこちらで推理するほかありません。1946年11月に当用漢字表（昭和21年内閣告示第32号・同訓令第7号）が公布されます。1948年2月には当用漢字音訓表（昭和23年内閣告示第2号）が定められます。いずれにも「醒」は収められず、表外漢字の扱いとなりました。刑法で重要な禁錮の「錮」も表外漢字とされました。そこで、「昭和23年から昭和29年ご

ろまでの間は、禁錮の「錮」を平仮名書きにして、そこに傍点を付す「禁こ」〔略〕という表記が使われました」とのことです（齋藤 2008）。

　1952年に施行された破壊活動防止法の第38条第1項と第2項に「禁こ」という表記がみられます。また第1項には「せん動」もあります（引用資料2-3）。「煽」も表外漢字でした。

　ですので、「せい」も同様に、当用漢字表にない表外漢字に該当の漢字があることを示すために、傍点を付けたと考えてまず間違いないでしょう。

　ただし、法制局（現・内閣法制局）は1954年3月に国語審議会が首相に提出した法令用語改善に関する建議に従い「法令用語改善の実施要領」（法制局総発第89号）を決定して、同年11月に各省庁に配布しました。そこには「第4　当用漢字表・同音訓表にはずれた漢字を用いたことば」の取扱いとして、(D)「当用漢字表にない漢字を用いた専門用語等であつて、他にいいかえることばがなく、しかもかなで書くと理解することができないと認められるようなものについては、そ

引用資料2-3　破壊活動防止法における「禁こ」「せん動」

（内乱、外患の罪の教唆等）
第三十八条　刑法第七十七条、第八十一条若しくは第八十二条の罪の教唆をなし、又はこれらの罪を実行させる目的をもつてその罪のせん動をなした者は、七年以下の懲役又は禁こに処する。
2　左の各号の一に該当する者は、五年以下の懲役又は禁こに処する。

出典：『官報』1952年7月21日号、527頁。

の漢字をそのまま用いてこれにふりがなをつける。」と記されていました。一例として「禁錮」が挙げられています。このような表記がそれ以降は用いられていきます。

　上述のように、「新常用漢字表内閣告示」に「錮」が入りました。そこで、法律制定・改正の時期の違いによって、刑法が定める同じ刑として、法文上には「禁こ」「禁錮」「禁錮」の三つの表記が存在することになります。

　「覚せい剤」の場合、先の「法令用語改善の実施要領」でいう「平仮名で書くと理解することができないと認められるようなもの」に該当するとは判断されませんでした。従って、それ以降も「覚せい剤」が法文上正しい表記でした。ところが、くだんの電話の際に厚労省の担当者の方から、トリビアルながら興味深いお話をいただきました。

引用資料2-4　覚せい剤取締法に混在する「覚せい剤」と「覚せい剤」

出典：『官報』1972年6月26日号、2頁。

　1972年6月に「毒物及び劇物取締法の一部を改正する法律」が公布されます。これは関連する三つの法案の一部改正を一

括して行ったものです。第3条は「覚せい剤取締法の一部改正」です。上記のとおり、条文には「せい」と傍点がありますが、改正条文に3か所出てくる「覚せい剤監視員」には傍点がありません（引用資料2-4）。

　これ以降の法改正でも同様の表記が用いられているため、現行の「覚せい剤取締法」の条文には「覚せい剤」と「覚せい剤」の表記が混在しています。「禁錮」の場合は告示など根拠がきちんとあって表記が変わっていったのですが、この混在はそれなくして傍点を落としてしまったのです。さしもの内閣法制局も、そこまで目くじらを立てなかったのでしょうか。

「ついでに」「覚せい剤」を「覚醒剤」に改めた
　「新常用漢字表内閣告示」以降、「覚せい剤」「覚せい剤」の記載がある法律は一部改正によって「覚醒剤」へと表記を改められていきます。たとえば、厚生労働省設置法制定時（1999年）には第4条第32号に「覚せい剤」とありました。それが2013年6月に成立した「災害対策基本法等の一部を改正する法律」の「第4章　雑則」の第6条で、これを「覚醒剤」に改めたのです（引用資料2-5）。

　この「災害対策基本法等の一部を改正する法律」は第1条と第2条が災害対策基本法の一部改正、第3条が災害救助法の一部改正、第4条が特定非常災害法の一部改正、そして第5条が内閣府設置法の一部改正です。第3条と第4条は法律名から「等」に当てはまるのは自明です。第5条も内閣府の仕事に「被災者の応急救助及び避難住民等（略）の救援」を加えたもので違和感はありません。ところが、第6条で災害

引用資料2-5　災害対策基本法等の一部を改正する法律の第5条と第6条

（内閣府設置法の一部改正）
第五条　内閣府設置法（平成十一年法律第八十九号）の一部を次のように改正する。
第四条第三項第八号の次に次の一号を加える。
八の二　被災者の応急救助及び避難住民等（武力攻撃事態等における国民の保護のための措置に関する法律（平成十六年法律第百十二号）第七十五条第一項に規定するものをいう。）の救援に関すること。
第四条第三項第十四号の二中「平成十六年法律第百十二号」を削る。
（厚生労働省設置法の一部改正）
第六条　厚生労働省設置法（平成十一年法律第九十七号）の一部を次のように改正する。
第四条第一項第三十二号中「覚せい剤」を「覚醒剤」に改め、同項第八十三号を次のように改める。
八十三　削除
第四条第一項第八十六号中「第八十一号から前号まで」を「第八十一号、第八十二号及び前二号」に改める。

出典：『官報』2013年6月21日（号外第131号）21頁。

対策とは異質な条文が突如登場するのです。法律名に「等」がつくとなんでもありとなってしまうのでしょうか。ちょっと空恐ろしく感じます。

　ついては再び厚生労働省に行政文書開示請求書を送付しました（2018年1月25日付）。「「災害対策基本法の一部を改正す

る法律」(2013年6月成立)の第6条に厚生労働省設置法の一部改正があり、そこで「第四条第一項第三十二号中「覚せい剤」を「覚醒剤」に改め」る旨のくだりがあります。なぜこの厚生労働省設置法の一部改正が「災害対策基本法の一部を改正する法律」に組み入れられたのか、その理由と経緯がわかる行政文書の開示を求めます」と。

2月14日にやはり医薬情報室から該当する文書は存在しないとの電話回答がありました。さらに補足があり、この改正で厚労省の所掌事務の一部を内閣府の所管に移すことになった。本来「覚せい剤」の関係で「災害」にはハネない(影響しない)が、改正にあたって担当者が気付いて「ついでに」「覚せい剤」を「覚醒剤」に改めたとのことでした。なお、改正される法律の条文を引用している法律があった場合、改正がその法律にも「ハネ」て改正しなければなりません。これを「ハネ改正」といいます。

ですので、この厚生労働省設置法の一部改正の眼目は第4条第1項第83号を削除することにありました。ここに規定されていた厚労省の所掌事務(「被災者の応急救援に関すること。」)を内閣府に移管したのです。これが内閣府設置法第4条第3項に新設された「8の2」です。その際に、同じ条文の第1項第32号に「覚せい剤」の表記があるのをみつけて、「ついでに」この法改正に表記の変更を加えたというわけでした。

ちなみに、改正災害対策基本法と略称されるこの法律の最大の特徴は、自力避難が難しい障害者や高齢者ら「災害時要援護者」の名簿作成を市町村に義務付けた点にありました。

法案提出者の古屋圭司国家公安委員長兼内閣府特命担当大臣（防災）の趣旨説明（衆議院災害対策特別委員会で5月9日、参議院災害対策特別委員会で5月29日）には、厚生労働省設置法の一部改正について言及はありません。その後の衆参それぞれの委員会での質疑でも取り上げられることはありませんでした。この法案は5月28日の衆議院本会議で全会一致をもって可決され、6月17日の参議院本会議でも全会一致により可決・成立しました。

「ハネ改正」がされなかった覚せい剤取締法

　政府の情報ポータルサイトである「電子政府の総合窓口e-Gov イーガブ」から「法令検索」のページに入ることができます。そこには「法令用語」の検索タグがあり、それをクリックして出てくる検索窓に任意の言葉を入れれば、それがどれくらいの法律に使われているかを知ることができます。

　そこで、ここに「覚醒剤」と入れてみます。すると20の法令がヒットしました。一方、「覚せい剤」に変えると65件でした。「新常用漢字表内閣告示」以降も、改正の機会がなく従来の表記のままである法令の方がずっと多いのです。

　その告示後に制定された薬事法等の一部を改正する法律（2013年11月公布）には、覚せい剤取締法の一部改正も含まれていました。どういうことなのでしょうか。

　前者は薬事法の題名を医薬品、医療機器等の品質、有効性及び安全性の確保等に関する法律（略称:医薬品医療機器等法）に変えるなど大きな改正でした。本則は薬事法（1条）、食品衛生法（2条）、予防接種法（3条）、血液事業新法（4条）、独

立行政法人医薬品医療機器総合機構法（5条）それぞれの一部改正の5か条から構成されます。ところが経過措置や関係法令の改廃などを定めた附則が101か条にものぼります。法律の題名が変わりましたので、「薬事法」の記載のある法律はすべてその箇所を改正する必要が生じるからです。覚せい剤取締法もその一つでした。附則第74条に覚せい剤取締法の一部改正が定められ、その手当が行われています。

　附則第75条は覚せい剤取締法とともに薬物4法のひとつとされる麻薬及び向精神薬取締法の一部改正で、同様に手当てする規定があります。加えて「「覚せい剤」を「覚醒剤」に改める。」の文言があり、同法では「覚醒剤」に表記が改まりました。つまりこのときが、覚せい剤取締法における「覚せい剤」「覚せい剤」も「覚醒剤」に改める好機だったのです。上述の厚生労働省設置法の一部改正よりははるかに自然です。なぜ覚せい剤取締法における「覚せい剤」「覚せい剤」にはハネなかったのか。題名に「覚せい剤」があるにもかかわらず、条文にそれはないのは整合的ではないと判断されたのだと考えます。題名を含めてすべて「覚醒剤」に改めればきれいになるのですが、その改正には踏み切れなかったのでしょう。というのも、そうなれば、「覚せい剤取締法」を条文に含むすべての法律を一部改正する手続きにハネ返るからです。

覚せい剤取締法の表記を尊重して

　また、とんだ脱線をしてしまいました。本線に戻りますと、朝日・読売が「覚醒剤取締法」と表記していることに私は同

意しかねます。これに対して、産経新聞、東京新聞、日本経済新聞、毎日新聞、および共同通信は、法律名には依然として「覚せい剤取締法」を充てています。しかし、「覚せい剤」とはもはやせず「覚醒剤」と表記します。興味深いのは時事通信で、先の告示以降も「覚せい剤取締法」「覚せい剤」と表記し続けています。

　ともあれ、現在の新聞紙上でみられる「覚醒剤」は、『覚醒剤大百科』でいう「覚せい剤」（狭義）のことです。本書では「覚せい剤取締法」とその条文内での表記を尊重して、メタンフェタミンを「覚せい剤」と記すことにします。ただ、『覚醒剤大百科』のように「覚醒剤」（広義）と「覚せい剤」（狭義）では紛らわしいので、前者は内藤（2011）に従って「覚醒物質」とします。そうはいっても、映画の字幕で「持ちこまれた"覚醒物質"の捜索」では様になりませんので、"覚醒剤"としたあれはあれでよかったと思います。

第 3 節　覚せい剤のルーツ

「日本薬学の父」長井長義

　覚せい剤は日本発祥の薬物です。「日本薬学の父」と称される長井長義がメタンフェタミンをはじめて合成します。1893年のことでした。これからみていくように、彼の経歴と事績はまばゆいばかりです。

　長井は1845年7月に現在の徳島市中常三島町に生まれました。同所には、長井の生誕地を示す石碑が建てられています（写真 2-1）。

第 2 章　覚せい剤の薬効、表記法、そしてルーツ

写真 2-1　長井長義の生誕地を示す石碑

2015 年 9 月 30 日筆者撮影。
「長井長義先生御生誕地」と刻まれている。

　父は徳島藩の医官・長井琳章でした。数え 9 歳（1853 年）の春から藩の漢学塾に通いはじめます。数え 15 歳（1859 年）にしてすでに父の代診を任せられるまでになっていました。ほぼ同じころから蘭学の藩校に通学し、やがて徳島医学校の助教に就きます。1866 年 11 月に、藩主より医学を学ぶため長崎留学を命じられます。このとき同じく藩内から選ばれた俊秀に、のちに文相、司法相、内相、逓相などを歴任する芳川顕正がいました。

　長崎でボードウィンらの下で西洋医学を学び、1868 年 3 月に藩命により帰藩します。同年 7 月、藩主の軍医として江戸に随行し、大学東校貢進生となり医学を修めることになります。その後、1870 年 10 月に第 1 回海外留学生に選抜され、ドイツへ派遣されることが決まりました。長井がベルリンに着いたのは、翌年 5 月 31 日でした。

　1873 年の夏学期から長井はベルリン大学に入学します。

「私は最初医学を修める目的で政府から留学を命ぜられたのであるが、ホフマン教授の化学の実験講義が非常に面白くて堪らぬので、到頭医学を止めて化学にしてしまつた」(金尾 1960：84)。その後、ホフマン教授の励ましを糧に化学の研究に没頭し、1877年に卒業論文を仕上げたのち、1881年12月についにベルリン大学より「ドクトル・デア・フイロゾフィー」(Ph.D.に相当) の学位を授与されます。翌年にはベルリン大学の助手にまで任ぜられました。

この頃、明治政府は薬務行政の近代化に乗り出していました。当時大量輸入されていた洋薬には粗悪品も多く、品質が安定していませんでした。医薬品の品質を保証するために日本薬局方を制定し、それに基づく本格的な製薬事業を一流の学者の助力を得て展開することが急務だったのです。1884年になって、内務省衛生局長だった長与専斎は衛生局員の柴田承桂と相談し、長井長義をおいて適任者はいないとの結論に達します。柴田も1870年にドイツに留学し、ホフマン教授の薫陶を受けていました。

柴田は大日本製薬会社社長の新田忠純とともに、長井を説得にドイツに渡ります。その懇請を受け入れ、長井は1884年5月29日に帰国します。実に13年ぶりでした。大日本製薬会社は国産製薬事業を担うため、1883年に政府主導の下、半官半民出資で設立されたものでした。帰国後の長井は東京大学医学部教授に任官し、内務省衛生局東京試験所長を兼務するかたわら、同会社の製薬長にも収まりました。

一方、大日本製薬株式会社は、1896年12月に創業した大阪製薬株式会社が上で述べた半官半民の大日本製薬合資会社

を 1898 年 11 月に吸収合併して発足した会社です。大日本製薬会社は 1893 年に長井が退職したこともあって、経営不振に陥り、組織を合資会社に変更しました。それでも事態は好転せず、自力再建放棄のやむなきに至ったのでした。

エフェドリンからメタンフェタミンを製出

長井に話を戻せば、1885 年 7 月、長井は漢方生薬の麻黄からエフェドリンの抽出・精製に成功します。のちの研究で、エフェドリンには喘息に有効な気管支拡張作用があることが明らかにされ、1927 年に大日本製薬株式会社は喘息治療薬として、その名もエフェドリン「ナガヰ」を発売します。『大日本製薬八十年史』には、「創立以来密接な関係にあった〔長井〕博士の支援で、独占的に製造を開始し、発売早々新薬の花形としてもてはやされ〔略〕最初から利益を生んだ新薬の一つとして大いに気をはき、戦前戦中戦後を通じて当社の業績に寄与するところきわめて大であった」と記されています（大日本製薬 1978：61）。

1888 年 5 月に日本ではじめての学位授与にあたり、長井は理学博士を授与されました（写真 2-2）。このとき、法学博士が穂積陳重(のぶしげ)（東京帝大教授、のちに枢密院議長）、鳩山和夫（東京帝大教授、のちに元衆議院議長。鳩山由紀夫元首相の曾祖父）らに授けられています。1887 年には長井は日本薬学会初代会頭に就任しました。また、1899 年にはこれも日本初の薬学博士号を受けました。

その間の 1893 年、長井はエフェドリンの関連物質精製の化学的研究の過程でメタンフェタミンの製出に成功します。換

写真 2-2 長井長義の学位記

2015年9月30日徳島大学長井記念ホール内の長井長義展示室にて筆者撮影。

言すれば、「1888（明治20）年、麻黄研究物質第33号として製出し、1894（明治26）年の薬学雑誌第139号に発表した化合物」です（日本薬史学会 1995：84）。しかし、長井は「その薬効にはほとんど興味を持たなかったようである．ましてや，後日この物質が社会で取り締まりの対象となるような展開を見せるとは夢にも思わなかったろう」（齋藤 2012：327）。上述のとおり、エフェドリン「ナガヰ」の販売で業績を伸ばした大日本製薬は、1941年に「除倦覚醒剤　ヒロポン」の商品名で覚せい剤を発売します。もちろん、当時の時代状況と無関係ではありません。

　ところで、上記エフェドリンの発見は、長井の研究上最大の事績とみなされています。東京・渋谷にある「日本薬学会長井記念館」の入り口には長井の胸像が鎮座しています。その下に解説文が付され、「「エフェドリン」を発見」と特記されています。また、胸像の横には、当時の実験ノートが刻まれています。そして、この記念館の地階にあるレストランは「テレーゼ」という店名です。長井は1886年3月、数え42歳

にしてドイツ人のテレーゼと結婚しました（写真2-3）。

写真2-3　日本薬学会長井記念館にある長井の事績を示す展示物

2015年9月8日筆者撮影。左上から時計回りに、長井の胸像、胸像に付された解説文、レストラン「テレーゼ」の看板、当時の実験ノート。

「舎密を愛した男」のゆかりの地を訪ねて

　私は2015年9月30日に徳島大学薬学部、次いで同市中常三島町の長井の生誕地を訪ねました。それを示す石碑は63頁の写真2-1のとおりです。

　徳島大学薬学部は1922年10月に設置された徳島高等工業

学校を前身とします。翌年1月に制定された同校の規則第2条にこうあります。「本校に以下の学科を置く。土木工学科、機械工学科、応用化学科、但し、応用化学科第2学年及第3学年に於ては、製薬化学部及農産工業化学部の2部に分つ」（徳島大学薬学部創立五十周年記念事業会 1973：9）。この応用化学科製薬化学部が1937年4月に独立して製薬化学科になり、1944年4月には徳島工業専門学校製薬工業科に改称されました。そして1949年4月からは徳島大学工学部薬学科に、ついに1951年4月には徳島大学薬学部となるに至りました。

1925年10月に長井は徳島に出張し、日本薬学会会頭として徳島高等工業学校開校式に出席し、加えて徳島県薬剤師会、薬業組合の通俗講演会で講演しています。そのタイトルは「輓近化学の進歩」でした。

徳島大学蔵本キャンパスにある薬学部棟に入ると、左手に「長井長義先生之像」があります。正面玄関入り口の床面には「1866年11月長井長義はこの石を踏み長崎へ旅立った」と説明がある青石が埋め込まれています。この青石は長井の生家から譲り受けたものです。出入りする学生たちがここを踏んでいきます。いかにこの薬学部が長井長義を「ルーツ」として強く意識しているかがわかります（写真2-4）。

薬学部棟の横には威容を誇る「長井記念ホール」が建っています。長井没後60年を記念して長井の孫および長井家からの寄付で建設されたものです。300席のホールや会議室のほか、「長井長義―資料・遺品―展示室」もあります。そこには上述の理学博士の学位記やエフェドリン「ナガヰ」の薬瓶、長井も列席した徳島高等工業学校開校記念式典の写真や

第2章　覚せい剤の薬効、表記法、そしてルーツ

写真 2-4　徳島大学薬学部棟にある長井長義の胸像と長井が踏んだ青石

2015年9月30日徳島大学薬学部棟にて筆者撮影。
右の青石には「1866年11月長井長義はこの石を踏み長崎へ旅立った」との銘文が添えられている。

1922年に来日したアインシュタイン博士と並んで座っている写真などなどが所狭しと展示されています（写真2-5）。

写真 2-5　長井記念ホールと同ホール内にある長井長義展示室

2015年9月30日徳島大学蔵本キャンパスにて筆者撮影。

徳島が生んだ偉人・長井を顕彰しようと、長井の評伝映画『こころざし―舎密を愛した男―』が2011年に製作されました。徳島大の教授らでつくる徳島大学映像評伝実行委員会が

企画した作品です。県内各地で上映会が行われ、そのDVDは県内の中学・高校や全国の薬科系大学に無料配布されました。私も徳大薬学部を訪れた際、事務室のご好意で1枚いただいてきました。2018年2月に死去した大杉漣が長井の父・長井琳章役で出演しています。

　映画のサブタイトルになっている舎密(せいみ)とは、オランダ語で化学を意味する"chemie"の当て字です。この映画では、徳島での幼少期から長崎留学、ドイツ留学を経て、せき止め薬のエフェドリンを発見する数え41歳（1885年）までの長井の半生が描かれています。幼いときに母を病気で亡くしたことが長井の研究への情熱を支えていたことがわかります。

第3章
覚せい剤の戦中と戦後

第1節　前線での必需品だった覚せい剤

メタンフェタミン製剤の創薬と「ヒロポン」の発売

　戦後直後に覚せい剤がなぜあれほどまでに出回ったのでしょうか。前出のコロムビア・トップは同じ国会質疑の中で、「これは旧軍が持っていたものを市中にばらまいたと言っても過言ではない」と指摘しています。なぜ軍は大量の覚せい剤を必要としたのでしょうか。プロローグで引用したせりふを借りれば、「しけたツラすんねえ、これ打ちゃな元気が出るぜ」と前線と銃後で戦意を高めるためでした。

　メタンフェタミンを世界ではじめて合成した長井長義がその薬効に興味を示さなかったのは、前に述べました。ところが、日中戦争からまもなく日米開戦へと至る日本ではメタンフェタミン製剤の創薬が目指されました。すでに1938年にはドイツでメタンフェタミン製剤がペルビチンとして市販されます。翌年に第二次世界大戦が勃発すると、ドイツ軍部は前線の兵士の士気昂揚などの目的でこれを配布していたのでした。1954年5月29日の衆議院厚生委員会で、元医師の岡良一議員（右社）は「ヒットラーもマジノ・ライン突破のときに丸薬を兵隊に飲ました」と紹介しています。

　この丸薬とはペルビチンでしょう。マジノ・ライン、つまりマジノ線とはドイツとフランスの国境に構築された要塞線で難攻不落を誇りました。発案者である当時のフランスの陸軍大臣マジノにちなんでいます。1940年にドイツ軍がこれを破壊しました。

ケネディやトランボが「愛用」したアンフェタミンについては、1930年にアメリカで中枢神経系を興奮させる薬物であることがつきとめられていました。

当時の日本で創薬研究の中心となったのは三浦謹之助東大名誉教授です。1885年に長井がエフェドリンを発見したとき、東京帝大の学生であった三浦はその「生理、薬理学的研究」を担っていました。三浦は「目下の時局に適合する」ことを意識して研究に取り組んだと記しています。

その結果、大日本製薬(現・大日本住友製薬)が「除倦覚醒剤ヒロポン」なる製品名でメタンフェタミン製剤を発売したのは、1941年11月のことです。大日本製薬の社史には「ヒロポンという名称は、ギリシャ語のPhilo（好む）Ponos（仕事）よりつけられたものである」と命名の由来が説明されています（大日本製薬 1957：128）。「疲労がポンと抜けるから、そう〔ヒロポンと〕言うんだ」(2016年2月15日付『毎日新聞』夕刊) などというのは、その薬効から後付けされた俗説で正しくありません。

三浦は創薬研究の成果を論文「麻黄より製出せる除倦覚醒剤に就て」と題して発表しています。その末尾に「昭和十六年九月三十日」と脱稿日が入っています。そして、論文冒頭には「(本剤の名称は未だ確定せず他日大日本製薬会社より発売する事発表する事となり居れり)」という断り書きがあります。ヒロポンは同年11月の発売ですから、その1か月前くらいではまだ商品名が決まっていなかったことになります。

すなわち、覚せい剤の一種であるメタンフェタミンを大日本製薬が商品化した一般医薬品が「ヒロポン」（Philopon）で

す。その「ヒロポン」が覚せい剤の代名詞として定着してしまったことについて、同社の社史は「当社としては甚だ迷惑なことである」と記しています（大日本製薬 1957：147-148）。

ヒロポンの効能に話を戻せば、社史では次のように記述されています。「覚せい時間を延長させる作用とともに、精神的・肉体的活動力を著しく高め、判断力・思考力を強め、作業能力を向上させる効能をもつことから、徹夜作業の際に用いるとよい、とされた」。（大日本製薬 1998：59）

それにしても、「徹夜作業の際に用いるとよい」薬とは！「24時間戦えますか」と歌い上げた栄養ドリンクのコマーシャルを思い起こしてしまいます。

「特別な目的」のために許可された覚せい剤

ヒロポンの剤型としては粉末、錠剤、注射液の3種類がありました。そのうち、注射液の箱は引用資料3-1のとおりです。箱に「東京市」とあるため1943年7月より前の製造と推定されます。同年7月1日より東京都制が施行され、東京市

引用資料3-1　ヒロポン注射液の箱

出典：おくすり博物館（2008：2）。最終行の「支店」に「東京市」とある。

は廃止されます。

「主成分」に「1-フェニール-2-メチールアミノ・プロパン」と記されているところから、メタンフェタミン製剤であることがわかります。また、「用法・用量」として「1回1cc-5ccヲ皮下又ハ筋肉内ニ注射ス」と表示されているのが読み取れます。戦後直後の蔓延期から今日に至るまで、ヒロポンの主たる摂取方法である静脈注射は想定されていなかったのです。後述する戦時中の戦闘機の搭乗員への投与も皮下注射でした。

箱の中には「作用及び特徴」や「適応領域」などを示した次の添付文書が同封されていました。「作用及び特徴」に「本剤は副作用なき強力なる中枢神経興奮剤」と謳っていることにまず驚かされます。「副作用なき」とは。次いで記されている「適応領域」も尋常とは思えません。

　甲、健康者に於ける応用
　　一、過度の精神的並びに肉体的活動が一般的に要求されている場合。
　　二、徹宵（夜警、夜間看護、通夜等）、夜間作業、講演傍聴、その他の眠気除去を必要とする凡ゆる場合
　　三、（略）
　　四、各種、スポーツに於けるドーピング剤（使用の可否は別として）
　乙、医療方面の応用（略）
　　　　　　　　　　　　おくすり博物館（2008：2）

健康な者に投与する注射剤という前提自体、倒錯していると言わざるを得ません。そして、「過度の精神的並びに肉体的活動が一般的に要求されている場合」とは戦闘行為を示唆しているのでしょう。この点を自覚してか、海軍軍医学校に1938年に設置された研究部では、ヒロポンは「除倦覚醒を目的とする特殊製剤」とよばれました。1942年5月に「特殊製剤使用に関する件」が通達されます。

　　②除倦覚醒を目的とする特殊製剤
　　　（イ）使用者の範囲
　　　　　　見張員、水中測的員、電信員、操舵員、機関員
　　　　　　その他過度の精神作業に従従事し夜間長時間当[ママ]
　　　　　　直中特に緊張を必要と認むる者
　　　（ロ）特殊製剤の名称　除倦覚醒剤
　　航空機搭乗者や搭乗者に除倦覚醒剤ヒロポンを服用させ搭乗中の眠気を予防させた。（三枝 1993：64）

　戦後、ヒロポン禍が社会問題になっていた頃のことです。1950年3月9日の衆議院厚生委員会で、社会党の堤ツルヨはヒロポンが犯罪の温床になっている点を指摘しました。その上で、ヒロポンの製造・販売を許可した理由とその際には今日の事態を予想していたかを政府に質しています。これに対して、星野毅子郎厚生省薬務局長事務代理は、戦争による極度の疲労を急激に回復させるという「特別な目的のために許した」のであり、一般に使用されることは予想していなかったと答えました。

「ただ大量に使つても生命の危険はない薬だ」

　一方、販売する側は覚せい剤の危険性をどう捉えていたのでしょうか。大日本製薬の東京支店長・豊島順吉が1951年2月15日に参議院厚生委員会に参考人として呼ばれました。豊島は1950年1月30日から1960年1月25日まで大日本製薬副社長でもあった人物です。

　委員会で説明を求められた豊島は、1941年のヒロポン販売に先立って、「欧米の文献全部を渉猟」して「用途、用法などを十分に研究」したこと、この分野の専門家である上記の三浦からも「御意見を伺って」と発売に至る過程を明かしています。加えて、それら文献には中毒が重篤であるとの記載はなかったので、「ただ大量に使つても生命の危険はない薬だ」と考えていたと明言しました。

　これについて、都立松沢病院の精神科医・江副勉は「これは当時主として錠剤として内服されていたことによるのかとも考えられる」と述べています（江副 1954：32）。コロムビア・トップも前章で紹介した国会発言の中で、「私も実はビルマで航空隊におりました関係上ヒロポンの錠剤も所持しておりました。ところが、私の体質はおかしな体質で、余り効きませんから、余り使ったことはありません」と語っています。体質によって覚せい剤の薬効に差が出るとは考えにくいところです。錠剤の薬効は緩やかだった証拠でしょう。ただし、ドイツでは前述した市販覚せい剤のペルビチンの常用性が問題となり、発売から3年後の1941年6月12日にペルビチンは「帝国あへん法（das Reichsopiumgesetz）」の規制の下

に置かれていました。これがドイツでは日本と異なり、覚せい剤中毒者の大量発生を抑止したとも考えられます。

　さて、豊島はこの委員会で三浦の権威まで持ち出して自己弁護を図っています。ただ、豊島のような認識は戦後直後に広く共有されていました。後述の『読売新聞』「編集手帳」のヒロポン禁止に反対した主張はその典型だと考えられます。従って、青少年の乱用さえ抑えればよいと安易に受け止められ、覚せい剤問題の矮小化につながっていくのです。

前線でどのように使われたのか

　『昭和35年版犯罪白書』は、覚せい剤が「前線では強制的に使用されていた」と断定しています（http://hakusyo1.moj.go.jp/jp/1/nfm/n_1_2_1_2_3_2.html）。1953年11月4日付『読売新聞』夕刊は「ヒロポンは、その昔、海軍の特攻基地で出撃準備と同時に若い特攻隊たちに使用させた」と書いています。1954年11月22日付『毎日新聞』にも「特攻隊員には出撃前に強制的に注射したものだ」との記事があります。アジア・太平洋戦争の前線ではいかなる状況だったのでしょうか。

　アジア・太平洋戦争中、零戦の操縦士として200回以上の空戦を経験した坂井三郎は、ラバウル時代に出撃するたびに打たれた「葡萄糖注射」について、担当の軍医官に戦後になって尋ねています。元軍医官はこう打ち明けました。「坂井さん、あの注射は栄養剤として葡萄糖を打ったが、もう一種類入れていたんですよ。それはヒロポンでした。あなた方は葡萄糖で元気をつけ、ヒロポンで興奮して、また飛び立って行ったんですよ！」（坂井 1992：234-235）

これを裏づけるかのように、当時を坂井は「私たちは心身ともにその頃は最高のコンディションにあったから、疲れなど感じたことはありませんでしたよ」と振り返っています（坂井 1992：233）。やはりヒロポンの薬効があったと思われます。

　零戦ではなく一式戦闘機二型（「隼」）の操縦士だった上木利正は、ニューギニアの陸軍航空部隊にいた 1943 年 9 月末ごろには「特に戦闘機操縦者の疲労は著しく、疲労回復の注射を打ちつつ出撃する者も多数あった」と記しています（上木 1982：29）。吉田裕も推測している（吉田 2017：123）とおり、この注射もヒロポンでしょう。

　また、1945 年 1 月に海軍軍医少尉として九州に赴任した蒲原宏は次のように述懐します。「夜の仕事が多かった。春に沖縄戦が始まると毎日のように深夜 1 時、2 時に飛行機が出た。沖縄まで 3 時間くらいだから、朝方に攻撃するためだね。頭がさえるからと、搭乗員に「疲労覚醒なんとか剤」なんて名前の注射を打ったよ。今思えば（覚醒剤の）ヒロポンだったんだな。当時は軍の命令に従うだけだったよ。／戦争末期、出撃機の大半が特攻だった」（2016 年 7 月 21 日付『新潟日報』夕刊）。

　特攻隊員にはヒロポン錠に玉露の粉末をまぶした「突撃錠」も支給されました。戦地前線の夜の歩哨には「猫目錠」です。「猫目錠」は服用すると「目がパッチリよく見えた」といわれます。覚せい剤による瞳孔散大効果のためだと考えられます。これについては、海軍軍医中尉として 1943 年にカロリン諸島のトラック島に 6 か月間滞在した諸橋芳夫が追想しています。同島から訓練飛行に飛び立つ搭乗員にヒロポンを服用

させたところ、「こんなに目がさえて、航路のよく見えたことはなかった」と驚かれたとのことです（諸橋 1989：11）。陸軍薬剤将校だった宗像小一郎も「ヒロポンを航空兵、又は第一線兵士の戦力増強剤として、チョコレートなどに加へて居たことも事実であり」と記しています（二七会 1992：221）。

「暗視ホルモン」

ただ、薬効については全く異なる証言もあります。1945年4月下旬、海軍横須賀航空隊の夜戦隊に所属していた黒鳥四朗少尉は軍医中佐から「実は、ドイツで開発された、夜間でもよく見えるという暗視ホルモンを入手できたので、あなたに注射してあげる。その効果などは、軍医に報告して下さい」と告げられました（黒鳥 2012：136）。そして、夜間哨戒および出撃のとき必ず「暗視ホルモン」を脇義寛軍医少尉から打たれたといいます。しかし、黒鳥は「ときどき飛行場の暗闇に連れ出され、注射の効果をたずねられたが、変化はほとんどなかった」と書いているのです（同 137）。とはいえ、「恐怖心が薄らぎ、冷静な判断力とひらめきを得られたのは確かだから、いくらかは効果があったのかも知れません」（渡辺 1999：35）とも述べています。

もちろん「暗視ホルモン」とはヒロポンです。が、この軍医は当時それがヒロポンだとは知らされていなかったそうです。1958年9月に元軍医少尉の脇と再会した黒鳥は、脇から「（ヒロポンが正体と）知らなかったとはいえ、注射をしたのは自分です。心配していました。すみません」と謝罪されます（黒鳥 2012：238）。上述の蒲原の述懐と重なります。黒鳥は戦

後ずっと原因不明の心身の不調に苦しんでいました。たとえば次のとおりです。

> 「突き出た物が目にとびこんでくる錯覚がぶり返した。箸立てに立てた箸を見ていられず、ちゃぶ台の下に隠さないと、食事をとれなかった。〔略〕頭が冴え返り、さまざまなことが脳裡に浮かんできて、眠れない状態が続いた」
> （黒鳥 2012:234）

　この原因が「暗視ホルモン」であり、「暗視ホルモン」がヒロポンであることを黒鳥が知るのは1955年のことです。

　坂井にヒロポン入りの「葡萄糖注射」を打ったと告白した元軍医も、戦後それに気付いたのかもしれません。諸橋は「服用させた」と書いています。ですので、これは錠剤でしょう。後述のように、当時錠剤のヒロポンは広告まで出される市販薬でした。戦後国会で答弁した薬務官僚も戦時中は錠剤しかなかったと述べています。しかし、注射薬のヒロポンは確かに製造され軍に納入されていました。先に掲げたヒロポン注射液の箱（引用資料3-1）からは、それが1943年7月以前の製品であることがわかります。

『海軍軍医会雑誌』に掲載された覚せい剤の広告

　実はもっと早い時期から覚せい剤の注射剤は販売されていました。当時発行されていた軍医向けの月刊誌『海軍軍医会雑誌』に掲載された広告から、それは明らかです。同誌にはヒロポンと同じメタンフェタミン製剤で、参天堂製薬から発

売されていた「ホスピタン」の広告が、1942年8月刊の31巻8号から載っていました（引用資料3-2）。当初はB4判のこの雑誌の1頁全面を使ったものでした。そして、広告の一番左中央の「包装」には「注射剤」の表記もあるのです。

引用資料3-2　『海軍軍医会雑誌』に掲載されたホスピタンの広告

出典：『海軍軍医会雑誌』31巻8号（1942）。一番左中央の「包装」に「注射剤」と、左下に「（文献申越次第送呈）」とある。

広告文の見出しは「新発売　本邦嚆矢の覚醒アミン剤　ホスピタン」と謳っています。『日本医薬品産業史』には、ヒ

第３章　覚せい剤の戦中と戦後

ロポンが発売された1941年にホスピタンも発売されたとあります（日本薬史学会編 1995：84）。「本邦嚆矢」が示唆するとおり、発売はホスピタンのほうがヒロポンより早かったのかもしれません。さらに、広告文の本文を読んでいきますと、「独逸国のベルヴイチン（ママ）と同一組成を有するものなり」とあり、1938年にドイツで発売された上述のペルビチンを意識していることがわかります。薬効として強調しているのは、倦怠感の除去と作業効率の向上です。左下には「（文献申越次第送呈）」と書かれています。軍医を想定した広告ならではの記載でしょう。

　これに対して、同誌にヒロポンの広告が登場するのは、1943年２月刊の32巻２号からになります（引用資料3-3）。ホスピタンと同様に、当初は１頁全面広告でした。左下の「包装」には「注射剤」も記載されています。「除倦覚醒剤ヒロポン」だけに、薬効として「作業能の昂揚」のみならず「特異にして強度の睡眠除去、覚醒作用」をアピールしています。ホスピタンとの差別化を図ったのでしょう。また、前出引用資料3-1のヒロポン注射液の箱に同封されていた添付文書には「作用及び特徴」として、「副作用なき強力なる中枢神経興奮剤」と書かれていました。一方、ここでは「比類なき強力なる中枢神経興奮剤」と表現が変えられています。この間に、重篤な副作用があることを社が自覚したのでしょう。一番左中央には、やはり軍医向けに「文献申越次第贈呈」とあります。

　同誌への掲載本数を数えると、ホスピタンが14本でヒロポンが18本になります。それぞれの掲載号や広告のサイズについては図表3-1のとおりです。

引用資料 3-3 『海軍軍医会雑誌』に掲載されたヒロポンの広告

出典：『海軍軍医会雑誌』32 巻 2 号（1943）。左下の「包装」に「注射剤」と、一番左中央に「文献申越次第贈呈」とある。

特に 32 巻 7 号（1943）には両広告が見開きで左右に掲載されていました（引用資料 3-4）。

ヒロポンの臨床試験

『海軍軍医会雑誌』にホスピタンの広告が載る前の 1942 年 3 月には、ヒロポンの作用について二人の海軍軍医が臨床試

図表3-1 『海軍軍医会雑誌』に掲載されたホスピタンとヒロポンの広告の掲載号と広告サイズ

巻-号	発行年	ホスピタン広告掲載	ヒロポン広告掲載
31-8 〜 32-1	1942 〜 1943	1頁全面	なし
32-2 〜 32-3	1943	1頁全面	1頁全面
32-4	1943	1/2頁分	1/2頁分
32-5 〜 32-6	1943	なし	1/2頁分
32-7 〜 32-11	1943	1/2頁分	1/2頁分
32-12 〜 33-2	1943 〜 1944	なし	1/2頁分
33-3 〜 33-7	1944	なし	なし
33-8 〜 33-9	1944	なし	1/6頁分
32-10	1944	なし	なし
33-11 〜 34-1	1944 〜 1945	なし	1/6頁分

『海軍軍医会雑誌』31巻8号から34巻1号に基づき筆者作成。同誌は34巻1号が最終号。

験を行っています。対象者は「別府海軍病院三等兵及少数ノ下士官及一二等兵延人員46名」です。徹夜作業ないしは40キロの夜間行軍を行わせたのちにヒロポン6錠を服用させました。比較対照するためヒロポンを服用させないグループもつくりました。そして、「余等ノ今回ノ実験ニヨレバ服用者ノ9割迄ハ30分乃至1時間ニシテ全身ノ倦怠ヲ去リ気分爽快トナリ、其ノ持続時間モ短キハ2時間大部分ハ5乃至7時間」との結果が出ました。従って、「之ヲ第一線将兵ニ用フレバ大イニ其ノ士気ヲ鼓舞スルモノト思考セラル」との結論が述べ

引用資料3-4　『海軍軍医会雑誌』の広告欄見開きで掲載されたホスピタンとヒロポンの広告

出典：『海軍軍医会雑誌』32巻7号(1943)。両方の広告とも「包装」には「注射剤」も記されている。

られます。最後は「之ガ長期連用ニヨル影響ハ今後ノ研究ニ俟ツ」と閉じられています（竹村・横沢 1943：37）。「今後ノ研究」が行われたかは定かではありません。ともあれ、次の事実はそれにつながるのかもしれません。

　軍医ではなく衛生下士官や衛生兵がヒロポンと知って搭乗員に注射していたのです。前出の黒鳥と同じ海軍横須賀航空隊の衛生下士官だった神田恭一は1943年12月半ば、久しぶりに病室の当直を勤めていました。そのとき衛生兵からこう言われます。「当直下士官、これから飛行隊指揮所へ注射にいってきます」と。神田はその前の1か月半は出張中で現場

から離れていました。「注射」の意味がわからず、神田は衛生兵にそれを尋ねます。「はい、これは内科の仕事なんです。こんど新しく疲労回復の薬として、除倦覚醒剤が搭乗員用として航空隊にきました。疲労がポンと回復して、眠気もなくなり、目がよく見えるようになるというので、〝ヒロポン〟という名がついています。毎晩十一時に飛行隊指揮所にいって、待機中の夜間搭乗員たちに注射をしてきます。翌朝、その結果をデータ用紙に記入してもらうと、内科に持ちかえって集計しています」(神田 1987：64-65)

　上述のとおり、ここで説明されているヒロポンの名称の由来はまちがっています。それはさておき、横空に夜間戦闘機分隊が新設されたのは 1944 年 1 月です。それに備えての「人体実験」をしていたということなのでしょうか。神田は「その後、このヒロポン注射は、いつの間にか取り止めとなっていた」と書いています。理由については「すでにこのときの搭乗員への試用中に、有害作用のあることが判明したために、使用中止の措置がとられたものと思われる」と推測しています(同 65-66)。その後の 1944 年 5 月に黒鳥が横空に配属され、1945 年 4 月下旬から「暗視ホルモン」を軍医によって投与されるのです。

　同じ横空で衛生科の衛生下士官や衛生兵はヒロポンとわかっていた。翻って、それから 1 年以上経ってヒロポンを注射した軍医にはその自覚がなかった。現場の軍医にはそれがヒロポンであることを明かせない特段の理由が、軍上層部にあったのではないでしょうか。鮮明な薬効の裏にある危険性に軍医が感づいて、その投与をためらうのを恐れたのか。こ

の点は判然としません。

　いずれにせよ、戦闘機のパイロットはヒロポンを打たれて飛び立っていきました。大ベストセラーとなった百田尚樹『永遠の０』には、そうしたシーンは出てきませんが。そして、多くは重篤な中毒症状を発症する前に「散華」させられたのです。生き延びた者は、黒鳥のように戦後長く後遺症に苦しむことになります。

第2節　覚せい剤の銃後

「いつもご機嫌」の本性は「奴隷への鞭」

　銃後ではどうだったのでしょうか。前述のヒロポンが混入されたチョコレートの包装に従事した女子生徒の証言があります。1945年2月に大阪・茨木高等女学校（現・大阪府立春日丘高等学校）に転校したある生徒は、すぐに学校に隣接するプレハブ工場へ勤労動員を命じられました。そこで彼女は他の女子生徒とともに、「15センチほどのチョコレートの棒を1本ずつ包装し、束ねて箱詰め」する作業に携わったのでした。ある日、それを上級生から強引に食べさせられると、「カーッと体が熱くなった」といいます。「「ヒロポン（覚醒剤）入りよ。特攻基地に送るの」と教えられた」（2016年11月2日付『京都新聞』夕刊）。ここが糧秣廠となって慰問袋がつくられていたのでしょう。

　神奈川・川崎市立川崎高等女学校（現・川崎市立川崎高等学校）の生徒たちは、1944年9月にその一部が明治産業（現・明治製菓）の川崎工場に動員されます。すでに1941年5月に

は同工場は海軍監督工場に指定されていました。この工場に動員された生徒が、当時の作業についてのちに書いています。

> 「そこでの仕事は、熱い焼きたての長い棒状になって運ばれて来る乾パンを、手で折って紙袋に詰め込むことであった。指先が熱さのため痛く赤く痺れるのを堪えながら、少しでも多く早くと黙々と袋詰め作業に励んだ。甘い菓子の類は店頭から姿を消したあのころ、チョコレート・キャラメルなどを大きなゴムの袋にきっちり詰めて、紐で固く口を縛り幾つも作った。南方の島の前線に船や航空機で運ばれ、もし途中海に落ちても濡れないようとの配慮から、ゴムの袋に入れたそうな。その品々がどれだけ無事に前線に辿り着けたやら」。(川崎市 1975：689)

民需用チョコレートは1942年10月に製造中止になっていました。この生徒が袋詰めしたチョコレートも「ヒロポン入り」だったのではないでしょうか。

前出の1951年2月15日の参議院厚生委員会で、大日本製薬の豊島東京支店長は「いろいろなお菓子に入れたり」と述べています。これを裏づける証言として、同じ明治産業の川崎工場に動員された川崎高女の別の生徒が、「仕事は結構面白く、毎日立ち作業でベルトの上に流れてくる梅干しの板状のものをキャラメル大の箱に詰めたり、覚醒剤入りの角砂糖のようなものや米の炒ったものを詰めたりする作業でした」(同693)と回顧しています。

ちなみに、ドイツでは1930年代には、メタンフェタミン

入りのプラリネ（チョコ）である「ヒルデブラント・プラリネ〔チョコ〕」が主婦向けに市販されていました。その広告に付けられたキャッチフレーズは「ヒルデブラント・プラリネ〔チョコ〕でいつもご機嫌」("Hildebrand-Pralinen erfreuen immer")でした（Ohler 2015：57）。これを食べれば、家事はあっという間に片付くし、食欲を抑える効果もあるのでやせられると甘いささやきが続きます。第2章第1節で触れた酒井法子の言葉と重なります。

　この女生徒のように、勤労動員による工場勤務は深夜に及ぶこともままありました。前節で引いた、ヒロポンの「適応領域」の「二」には「夜間作業」が挙げられています。アジア・太平洋戦争末期に東京・昭島市の昭和飛行機工場へ勤労動員された都立武蔵高等女学校（現・都立武蔵高等学校）のある生徒は、のちにこう書き綴っています。

> 「戦局酷しく徹夜勤務が始った　夜半過ぎると決って襲う眠気　ハンドルを動かす単調な作業　はっと気が付くと圧力計が上っている　誰がいい出すともなく飲み出したヒロポン　あの小さな気味の悪い黄色の錠剤　でも駄目相棒と相談して歌を唄う」（都立武蔵高女青梅寮生の会編 1974：39）

　1944年7月に文部省は「学徒勤労ノ徹底ニ関スル件」を出して、深夜業を女子生徒にも課したのでした。睡魔とたたかうためにヒロポンは必須だったことがわかります。さらに、錠剤のヒロポンの色がわかって興味深い証言です。ただ錠剤

の薬効はやはり緩慢だったようです。「内服によるときは十五分以上たつてから」薬効が現れるとの指摘があります（精神衛生文化協会 1955：38）。前出の作家の船山ははじめてヒロポン錠を2錠服用した際、「たいして効果なし」と書き留めています（船山 1978：42）。

1944年9月に横浜の日本飛行機へ勤労動員された湘南高等女学校（高等湘南女学院、現・湘南学院高等学校）の生徒は、毎日4時間の残業をこなしていました。会社からは「ビタミン剤など」が支給されたそうです（神奈川の学徒勤労動員を記録する会 1999：53）。「など」にヒロポン錠も含まれると考えるのは邪推がすぎますでしょうか。

もちろん勤労動員の生徒に限らず、軍需工場の労働者や徴用工員にも眠気覚ましとしてヒロポンが配布されました。「奴隷への鞭」の役割を果たしたのです（江副 1954：32）。前出の坂口安吾は「私の兄が軍需会社にいるものだから、その薬なら会社にある、夜業に工員にのませているのだ、といって、持ってきてくれた」と戦時中の出来事を綴っています（同「反スタイルの記」）。

『航空朝日』のヒロポン広告からみえてくるもの

上記の豊島は同じ答弁の中で、「〔ヒロポンは〕戦争中は殆んど軍部に全部取られまして〔略〕余り市場には出なかつた」としています。戦時下の医薬品統制により、覚せい剤も軍が需給管理する軍需品でした。

しかし、当時の代表的な航空雑誌『航空朝日』をみると、1942年8月号から1944年12月号までほぼ毎号にヒロポン

錠の広告が掲載されています。この間に広告掲載がないのは1944年3月号と同年5月号の2号だけです。また、『航空朝日』1942年10月号から1943年5月号までは、ヒロポン錠の広告のみならず東亞薬品のアンフェタミン製剤であるアゴチン錠の広告も載っています。覚せい剤への当時の需要の高さを示すものでしょう。

　これら合計27本のヒロポン錠の広告の記載のサイズや記載面を確認していくと、それは三つに時期区分することができます。第1期は1942年8月号から1943年2月号までです。この間の7本はB4判の同誌の目次裏全頁を使って掲載されました。大々的な宣伝が展開された期間です。しかもすべてが「新発売」と銘打たれています（引用資料3-5）。ヒロポンの販売開始は1941年11月ですので、9か月も経っています。その間は「殆んど軍部に全部取られ」ていたところ、設備の量産体制が整って市場にも出されるようになったということでしょうか。実はこの1942年と1943年に、大日本製薬は売り上げ面でも収益面でも「戦前のピークといえる成績」を挙げているのです（大日本製薬 1998：60）。

　加えて広告文で注目すべきは、「包装」の3行目に「（散剤・注射剤あり）」と書かれていることです。当初は錠剤のみならず散剤・注射剤も市販されていたことがわかります。

　第2期は1943年3月号から1944年2月号までの12本です。掲載面は目次裏で第1期と変わりませんが、サイズが半頁分に削減されます（1944年1月号と2月号は1/3頁）。「新発売」の記載はなくなります。「包装」には錠剤の記載しかありません（引用資料3-6）。しかし、散剤・注射剤が製造さ

第3章　覚せい剤の戦中と戦後

引用資料 3-5　『航空朝日』掲載のヒロポン錠広告（「第1期」）

出典：『航空朝日』1942年8月号。1942年8月号から1943年2月号までは全頁を使って全く同じ広告が掲載されている。
左上の「新発売」と「包装」の3行目に「（散剤・注射剤あり）」と書かれていることに注目。

れなくなったわけではありません。前出の『海軍軍医会雑誌』には、1943年2月号から1944年2月号までヒロポンの広告が出ています。その1943年6月号には「包装」として錠剤、散剤、注射剤が併記されています（後述）。一般向け雑誌には散剤・注射剤を載せられない何らかの理由があったのでしょう。また、第2期には錠剤のパッケージと容器の挿絵が入りました。目を開かされるのは、左端に「学校名記入申込次第供試品文献送呈」と2行書かれていることです。第2期の12本のすべてにこの記載があります。

ところで、学徒勤労動員は1938年6月の文部省通牒「集団的勤労作業運動実施ニ関スル件」にはじまります。1943年6月には「学徒戦時動員体制確立要綱」が閣議決定されます。そこで「大東亜戦争ノ現段階ニ対処シ教育練成内容ノ一環トシテ学徒ノ戦時動員体制ヲ確立シ学徒ヲシテ有事即応ノ態勢

93

引用資料 3-6 『航空朝日』掲載のヒロポン錠広告(「第2期」)

出典:『航空朝日』1943年3月号。左端の「学校名記入申込次第供試品文献送呈」に注目。

タラシムルト共ニ之ガ勤労動員ヲ強化シテ学徒尽忠ノ至誠ヲ傾ケ其ノ総力ヲ戦力増強ニ結集セシメントス」との方針が唱えられました。学徒の軍需工場への勤労動員が強化されていきます。

まさにこの時期に「学校名記入申込次第供試品文献送呈」との広告を打って、学徒を送り出す学校への売り込みを図ったと考えられます。実際に、軍需工場に動員された学徒たちが作業現場でヒロポンを服用していたのは、上述のとおりです。

愛知・半田市の中島飛行機製作所に動員された京都府立京都第三中学校(現・京都府立山城高校)の生徒が記した日記には、『航空朝日』が登場します。「〔1944年〕八月十九日 土 晴〔略〕夜は弟より送って来た「航空朝日」を見、B29の偉大さに感心す」(学徒勤労動員の記録編集会議編 1971:96)。また、同年八月六日の記述に目を移すと「間食も絶対してはい

けない事となった」と書かれています。間食厳禁令が出され、「空腹の快感を味わえ」と言われたそうです（同87）。逆立ちした精神論にはあきれるばかりです。

　生徒が工場に動員されるのみならず、学校に機械を運び込んだ「学校工場」というのもありました。1944年4月に文部省は「決戦非常措置要項ニ基ク学校工場化実施ニ関スル件」を出しました。山梨・甲府湯田高等女学校（現・甲斐清和高等学校）の体育館はその一例です（引用資料3-7）。

　同校の元生徒が当時を思い出して書いています。「三年生になる〔1944年〕と勉強どころではなく、体育館に運ばれた機械で、朝から夕方迄一日何足とノルマを稼せられて、軍足を編んだ。不良品を出す毎に上司から叱られた。また、小学校の体育館へ机を並べて、兵隊さんの衣類の繕いをした。汗の嫌な臭いが鼻についたが、これも銃後の務めと思い友達と頑張った」（編集委員会・常任編集委員会 2000：246）。けなげさに心を打たれます。

引用資料3-7　甲府湯田高等女学校の体育館につくられた「学校工場」

出典：編集委員会・常任編集委員会（2000：245）。

さて、『航空朝日』の第3期は1944年4月から1944年12月の8本です（5月号には未掲載）。掲載面は裏表紙の裏、いわゆる「表3」に変わります。サイズは1944年4月が1/3頁分、6月号から9月号までが1/4頁分、さらに10月号から12月号になると1/6頁にまで縮小されます。アジア・太平洋戦争のもはや絶望的抗戦期に至る時期で、物資不足により『航空朝日』の頁数が大幅削減されました。1942年8月号には166頁もあったものが、1944年4月号では80頁に、1944年12月号では52頁にまで減らされます。その結果、広告に割かれる頁数も少なくなったのです。また、それ以前は「最新除倦覚醒剤」となっていたのが、「最新」がとれて「除倦覚醒剤」だけとなりました。「包装」はやはり錠剤のみで、挿絵は幾種類かありますが、いずれも軍需工場での増産を鼓舞するものでした（引用資料3-8）。

　戦中の新聞にもヒロポンの広告が載っています。『朝日新聞』では1943年1月から1944年8月まで28回もの、『読売報知新聞』では1943年2月から8月まで5回の広告が紙面下段で確認できました。

　『朝日新聞』に載った1943年1月から5月までの8本の広告は「ヒロポン」となっており（引用資料3-9）、同年6月以降の20本は「ヒロポン錠」となっています（引用資料3-10）。『読売報知新聞』でも1943年2月から5月までの4本は「ヒロポン」ですが、同年8月の1本は「ヒロポン錠」です。前記『航空朝日』で散剤と注射剤の記載が消えたヒロポン広告の第2期は1943年3月からです。新聞広告でも3か月遅れて錠剤しか市販していないことを表すため、「錠」を付けること

第3章　覚せい剤の戦中と戦後

引用資料3-8　『航空朝日』掲載のヒロポン錠広告（「第3期」）

出典：『航空朝日』1944年4月号。
「除倦覚醒剤」の前に付けられていた「最新」が削除されている。これ以降、広告が終了する1944年12月号まで、軍需工場での作業風景を描いた挿絵が掲載される。

にしたのでしょうか。

尋常な精神ではもたない戦争

　とまれ「聖戦完遂」にあたっては、前線でも銃後でも覚せ

引用資料 3-9 『朝日新聞』に掲載された「ヒロポン」広告

出典：1943 年 1 月 24 日付『朝日新聞』夕刊。

引用資料 3-10 『朝日新聞』に掲載された「ヒロポン錠」広告

出典：1943 年 6 月 3 日付『朝日新聞』。

い剤は必須の軍需品でした。尋常な精神では堪えきれないのが戦争の本質なのです。第二次世界大戦の戦闘シーンを、目を背けたくなるほどリアルに描いた映画『ハクソー・リッジ』（豪／米・2016 年）や『プライベート・ライアン』（米・1998 年）を観ると、なにかにすがりつかなければとても精神がもたないことが容易に想像されます。これは現代の戦争でも同様です。

　1994 年にルワンダで発生した集団殺戮を扱った映画に『ホテル・ルワンダ』（南ア／英／伊・2004 年）があります。同国のフツ族とツチ族の民族対立を背景に、フツ族の過激派・民兵集団がわずか約 3 か月のうちにツチ族や穏健派のフツ族を虐殺しました。その数は実に 80 万から 100 万人にものぼります。当地の有名ホテルの副支配人ポールはホテルに 1200 人以上を匿って、彼らの命を救います。フツ族の将軍へその「見

返り」の品として貴金属とウイスキー（グレンフィディック）を何本も差し出します。将軍はウイスキーをラッパ飲みしたあと、「飲め」といってポールにそのボトルを差し出し飲ませます（DVD開巻後1時間40分23秒）。そして「"酒"の別名を？」と尋ねます。ポールが「知りません」と答えると、「イシュカ・バハ　"命の水"だ」と答えます。尋常な精神では殺戮などできないことをほのめかすシーンだと受け止めました。

　より近年に例を探せば、イラク戦争とアフガン戦争から帰還したアメリカ軍兵士約200万人の中で約50万人が心的外傷後ストレス障害（PTSD）をはじめとする精神的な障害を発症しています。毎年240人以上が自ら命を絶っています。アメリカ陸軍では「自殺防止会議」が毎月1回開かれているといいます（フィンケル　2015）。

　憲法に戦争の放棄を掲げる日本も例外ではありません。イラク特措法およびテロ特措法によってイラクやインド洋に派遣された自衛官のうち、54人が自殺しています（2015年5月27日衆議院我が国及び国際社会の平和安全法制に関する特別委員会における防衛省政府参考人答弁）。後述しますが、朝鮮戦争のさなか、自衛隊の前身である警察予備隊に覚せい剤を備蓄する計画までありました。

覚せい剤で夭逝したミス・ワカナ

　第1章第2節で、新宿の寄席・末広亭の北村席亭が、芸人の間で覚せい剤がいかに蔓延していたかを告白する回想を紹介しました。コロムビア・トップは国会で実名を挙げてその

汚染ぶりを披瀝しました。実は芸人が覚せい剤を知るのは戦中からのことでした。軍隊を慰問した際に分けてもらったり、軍から横流しをうけたヤクザが楽屋に手土産代わりに持参したりしました。

　また、上方芸能評論家の吉田留三郎は次のように語っています。1941 年か 1942 年ころ大阪・松島の八千代座に超人気漫才師だった初代ミス・ワカナが楽屋入りした折、疲労困憊で高座をつとめられる状態ではありませんでした。そこに、支配人の顔見知りの陸軍軍医大尉が現れてミス・ワカナに注射を打ったところ、瞬く間にミス・ワカナは元気を取り戻して高座をこなしたといいます。これが芸能界での覚せい剤初見だったのではないかとのことです（小島 2003：161-162）。その後、ミス・ワカナはヒロポンに溺れ、1946 年 10 月 14 日に 36 歳で夭逝してしまいます。ミヤコ蝶々はミス・ワカナについて「実力も人気もナンバーワン」と書いています。その相方だった玉松一郎と組んで蝶々は漫才をするのですが、覚せい剤のせいで「大げんかして、舞台をめちゃくちゃにしてしまった」そうです（ミヤコ 2006：424）。

　芸人もまた覚せい剤を必需品とした戦争の被害者だったのです。

第 3 節　覚せい剤の戦後

『はだしのゲン』に出てくるヒロポン

　敗戦後、軍が貯蔵していたヒロポンが大量に市中に出回るようになります。自身の広島での被爆体験に基づく中島啓治

の漫画『はだしのゲン 第8巻』には、そのいきさつと薬効についての台詞のやりとりが出てきます。

　ゲンが河原で自己注射している男を見つけます。ゲンは不審に思って友だちに尋ねます。

　　ゲン：「あいつ　なにをやっとるんじゃ　注射なんかして
　　　　　……
　　友だち1：「ああ　ポン中よ」
　　ゲン：「ポン中」
　　友だち1：「知らんのか　あんちゃんおくれとるのう……
　　　　　いま日本中ではやっとるのに……」
　　友だち2：「元　ヒロポンと言う覚醒剤じゃ　軍隊でつか
　　　　　われとったんじゃ」
　　ゲン：「軍隊で」
　　友だち2：「ほうよ　戦地で兵士が敵と闘うときおそれて
　　　　　はいけんけえ」「ヒロポンを注射させて勇気を出させ
　　　　　気持ちをわくわくさせたんじゃ」
　　友だち1：「日本が戦争に負けて　ヒロポンがいっぱいあ
　　　　　まって」「薬局でも売り出されとるんじゃ」「あいつを
　　　　　打つとええ気持ちになるらしいぞ」
　　〔略〕
　　ゲン：「体になんともないんか」
　　友だち1：「中毒になって頭が狂って　のたれ死にするや
　　　　　つがいっぱいおるわい」（中沢1983：104-105）

　ちなみに絵をみる限り、この男は皮下注射をしています。

戦後の配給経路は不明

「いっぱいあまって」しまったヒロポンは、どのような経路で「薬局でも売り出され」るに至ったのでしょうか。この点を、看護師出身の参議院議員である井上なつゑ（全国区選出・緑風会）が1949年11月30日の参議院予算委員会で質しています。答弁したのは慶松一郎厚生省薬務局長です。慶松によれば、戦時中軍で使用されていたのは「すべて錠剤」であって、ヒロポン禍の主犯格というべき「注射薬は殆ど当時なかつたと私は記憶いたしております」。戦後それは他の医薬品などと同様に、「占領軍当局、進駐軍当局から厚生省に渡され〔略〕各都道府県に配給」されました。ただ、「どういうふうに配給されたか、ちよつと今分からないと思います」。

前述の軍医の証言もありますが、注射薬も前線で確かに使われていたはずです。加えて例を挙げれば、小説家の青山光二は1945年3月に衛生兵として横須賀海軍病院に配属されました。その院内でヒロポンのアンプルをみつけ、敗戦でそれが大量に残ったので、注射器入りの約10箱を東京に持ち帰ったといいます（大川 2004：26）。厚生省が注射薬の存在を把握していなかったとは考えにくいところです。

その点は措くとして、慶松のいう配給ルートははっきりしませんが、ヒロポンは全国で払底する医薬品事情に乗じて拡散していったのでしょう。また、青山のように復員する際に兵士たちが持ち帰って、その驚くべき薬効を喧伝したことも考えられます。もとより覚せい剤を量産していた製薬会社には膨大なストックがありました。軍という大口納入先を失い、

「製薬会社は、「疲労感防止、睡気除去、気力昂揚」などの効能書を以つて大きく宣伝し、在庫品の市場への放出を急いだ」(立津ほか 1956：17) のです。これらの理由から、覚せい剤は戦後混乱期に大量に出回り、深夜業に就く人びとや芸人などに重宝がられることになります。

　深夜業といえば、徹マンという俗語があります。徹夜で麻雀を打つことです。プロ雀士となればそれは当然で、彼らは「深夜業」に従事していたことになります。戦後直後の彼らの生き様を描いた映画『麻雀放浪記』(1984) には、登場人物の一人が徹マンの最中にヒロポンを注射するシーンがあります (DVD 開巻後 1 時間 38 分 59 秒)。老練のプロ雀士「出目徳」が、タオルで二の腕を縛り上げて静脈注射をします。

　映画で覚せい剤の静注シーンがあると、私は思わず身を乗り出してしまいます。『恋人たち』(2015) では、光石研扮するうだつの上がらないおやじが静脈を浮き出させるため、パソコンとマウスをつなぐコードで腕を縛ろうとしますが、滑ってうまくいきません。そこに知り合いの女性 (成嶋瞳子) がちょうど訪ねてきます。彼はこの女性のストッキングを強引に脱がせて、自分の腕に巻きつけます (DVD 開巻後 1 時間 55 分 2 秒以降)。

　『日本で一番悪い奴ら』(2016) では、北海道警の警察官・諸星要一 (綾野剛) が「兄弟」となったヤクザの黒岩勝典 (中村獅童) から覚せい剤を譲り受けます。当初はシャブはやらないと強がっていたのですが、「兄弟」に裏切られて大仕事の目論みがはずれ、ヤケになってシャブに手を出します。その静注シーンは迫力満点です。注射針を静脈に刺すと血が逆流

して、注射器のシリンジ内が血で赤く染まっていきます。そして、ポンプで覚せい剤もろとも静脈に戻してやるのです。しばらく間を置いて、諸星は常人とはとても思えない恍惚とした表情を浮かべます。この一部始終をみることができます（DVD 開巻後 1 時間 43 分 45 秒〜 44 分 30 秒）。

　中毒が昂じると身の毛もよだつような打ち方になります。「腕に注射針を刺したまま、ゆっくり味わうため薬を小きざみに入れては、恍惚としてその刺激を楽しむ。全部入れてしまうと、今度は注射器のポンプを逆にもどして、血液を注射器の中に逆流させる。そしてポンプのなかがどす黒い血で満たされると、それをまた小きざみに体内に注射する」。(室生 1981：49)

1951 年までに 23 社が覚せい剤を製造

　1941 年に大日本製薬がヒロポンという商品名で、参天堂製薬はホスピタンという商品名でメタンフェタミン製剤を市販します。その広告は上掲のとおりです（82 頁引用資料 3-2・82 頁引用資料 3-3）。また、アンフェタミン製剤としては、武田薬品工業がやはり同年にゼドリンを発売します。その後、覚せい剤取締法が制定される 1951 年までの間には、次の 23 社が覚せい剤を製造していました（図表 3-2）。

　当初は錠剤でしたが、その流行に押されてやがて注射薬も発売されていきます（『昭和 35 年版犯罪白書』）。たとえば、富山化学工業がネオアゴチン注射剤を発売するのは 1948 年です（富山化学工業社史編纂委員会 1986：39）。前年の 1947 年には武田薬品工業がゼドリンの注射剤を発売しています（武田二百年史編纂委員会 1983：402）。当時はビタミン剤など様々な

第3章　覚せい剤の戦中と戦後

図表3-2　1951年までに覚せい剤を製造していた会社名・製品名

	会社名	種類	製品名
1	参天堂製薬	M	ホスピタン
2	タカラ製薬	M	タカラピン
3	小野薬品工業	M	ネオパンプロン
4	万和製薬	M	メチパミン
5	日之出ケミカル	M	ヒノデドリン
6	東邦産業	M	ネオパミン
7	日新化学工業	M	スーパミン
8	小林薬学工業	M	コバポン
9	淀川製薬	M	メチプロン
10	陳遠述（東西薬房）	M	フクゼドリン
11	日東薬品化学	M	ネオヒロン
12	大日本製薬	M	ヒロポン
13	上野製薬	M	プロアミン
14	大正製薬	M	メチルプロパミン
15	武田薬品工業	A	ゼドリン
16	静岡カフエイン工業所	M	アロン
17	三田製薬	M	ホスピタン
18	富山化学工業	A	アゴチン
		M	アクタミン
			ネオアゴチン
19	内外製薬	M	プロパミン
20	岡野製薬	M	オカプロン
21	白井松薬品工業	M	メチプロン
22	塩野義製薬	A	パーテン
23	同仁製薬	A	ザンドルマン

種類の「M」はメタンフェタミン製剤を、「A」はアンフェタミン製剤を示す。生田（1951：47-50）を参照して筆者作成。

自己注射がなされていました。

ビタミン注射といえば、高校生のころにみたテレビ番組が忘れられません。それは1977年8月25日にNHKで放送された「日本の戦後「2・1スト前夜」」です。1947年2月1日に決行が予定されていたいわゆる二・一ゼネストは、マッカーサー連合国最高司令官の命令で中止されます。その指導者であった伊井弥四郎全官公庁共闘委員会議長は、前日の21時21分からNHKラジオを通じてスト中止を発表します。伊井は万感をこめて「一歩後退、二歩前進」と声を振り絞りました。番組はそれまでの過程を描いた再現ドキュメントです。

伊井のこの放送が再現された場面には胸を揺さぶられました。ですが、それとともになぜか記憶に残っているのは、中止放送のため連合国最高司令官総司令部（GHQ）に連行される直前に伊井がビタミン注射を打たれるシーンです。注射をする看護師にねぎらいの言葉をかける伊井に対して、看護師は「議長さんこそ大変ですわ。このビタミン注射で元気百倍といきますように。」と返します（台詞はNHK（1977:274）より引用）。もちろん伊井はまだ中止命令を知りません。翌日のゼネスト突入に向けて気分を奮い立たせていました。このすぐあとに連行され、NHKのマイクの前に立たされた伊井に、ビタミン注射の効果はあったのでしょうか。

蔓延する「覚醒剤中毒症」

閑話休題。覚せい剤の注射薬を即効性の高い静脈注射によって用いるやり方は、1949年から1950年ころに生じた傾向だといいます。1953年11月27日付『東京タイムズ』掲載

の座談会「これでよいのか青少年むしばむヒロポン禍」の中で、林　暲(すすむ)都立松沢病院長がそう発言しています。「ヒロポンの値段は注射十本入り㊤八十一円五十銭であるが、品不足で百円以上でヤミに流れている」(1949年11月6日付『東京日日新聞』)との報道からも、その流行がうかがわれます。㊤とは公定価格のことです。ちなみに、1950年に日本酒の並等酒1升は645円でした(週刊朝日編 1995:166)。敗戦後の無力感に苛まれていた人びとに、酒より安価に自己慰安を得られる覚せい剤はまたたくまに広まったのだと想像されます。

　ところで、1950年1月19日付『読売新聞』には、黒田製薬の「アンスパミン」という鎮痛剤の広告が載っています。「覚醒剤中毒症に御使用を乞ふ」との宣伝文句がその蔓延ぶりを物語っています。この薬剤も注射剤でした。注射器とアンプルの挿絵が右下に付されています(引用資料3-11)。

引用資料3-11　『読売新聞』に掲載された「アンスパミン」の広告

出典：1950年1月19日付『読売新聞』。

　この広告も示唆している覚せい剤中毒患者の発生は、合法的な薬剤であった覚せい剤が社会問題化していく端緒となります。中毒患者は1946年春ごろから散見されるようになり、

同年9月には東大病院神経科に最初の慢性中毒患者が入院します。翌1947年7月には都立松沢病院にも中毒患者が入院しました（厚生省五十年史編集委員会編 1988：696）。「その症状が精神分裂病に似ている所から最初は区別がつかなかつたものであるが、その後その症例が増すにつれてその正体が明かになつた」（都立松沢病院 1954：52）。わけても深刻だったのは、多くの青少年が中毒者に含まれていたことです。樋口幸吉東京医療少年院医務課長によれば、「少年犯罪者で覚せい剤が出てきたのは〔昭和〕廿三年ごろ」といいます（1953年11月27日付『東京タイムズ』）。1949年から1950年にかけては、覚せい剤中毒の青少年による犯罪が新聞紙上を盛んに賑わすようになります。

　1949年10月19日付『朝日新聞』は「都内に『ヒロポン禍』が目立つてふえ、とくにこれに伴う青少年犯罪が激増しつゝある」と書きました。10月21日付『毎日新聞』も「最近ヒロポン禍に伴い、青少年犯罪が各地で激増している」と報じています。10月24日付『読売新聞』「編集手帳」は「ヒロポンの流行はこまつたものである」との書き出しではじまります。そして、「ヒロポンが青少年たちの好奇心の対象となり、これらの年代のなかに中毒者や犯罪者をつくりだしている現象」を警告しました。「恐るべきヒロポン禍」の見出しを掲げた11月22日付『朝日新聞』記事には、警視庁保安部が補導にあたった青少年のうち半数がヒロポン中毒だったとあります。そして、「警察の手にかゝらぬ青少年の中毒患者をも加えると恐らく都内で一万五千人を下るまいと見こんでいる」と続きます。「ヒロポン」は「駅弁大学」などとともに、この

年の流行語でさえあったのです（大日本製薬労働組合編 1988：30）。

1950年3月25日の衆議院法務委員会では、委員ではない福田昌子（社会）が出席し、質疑の許可を花村四郎委員長から得ます。そこで福田は佐藤藤佐法務府刑政長官に対して、青少年のヒロポン中毒の調査・対策を求めました。佐藤は「ヒロポン中毒の少年が非常にふえておる」と同意した上で、その数値的な実態把握を約束しました。

司法省が改組されて法務省になるまで

この法務府とはいかなる役所であったのか。いささか説明を要します。司法権は裁判権と司法行政権から構成されます。司法といえば裁判をイメージしますが、それを支える「ヒト・モノ・カネ」を管理する仕事も必要になります。これが司法行政です。戦前は裁判権こそ裁判所が専権的に行使していましたが、司法行政権は行政官庁である司法省が握っていました。その意味で、戦前の司法権の独立は不十分であったといえます。現在の最高裁長官にあたる大審院長は、司法行政の面では司法大臣の下僚という位置づけだったのです。それを示すのが司法省官制第1条（1893年制定、以下の条文は1941年改正後のもの）です。戦後は各府省の設置根拠はそれぞれの府省の設置法に記載されています。ところが戦前は官制という勅令に設置根拠が定められていました。

　　司法大臣ハ裁判所及検事局ヲ監督シ検察事務ヲ指揮シ民事、刑事、非訟事件、戸籍、供託、監獄及司法保護ニ関

スル事項其ノ他諸般ノ司法行政事務ヲ管理ス

　司法大臣が裁判所を監督し司法行政事務を管理していたのです。日本国憲法施行とともに、司法行政権も裁判所に移管されました。そのため司法省官制第1条は昭和22年政令第6号として、次のとおり改正されました。

　　司法大臣ハ民事、刑事、登記、戸籍、供託、監獄及司法保護ニ関スル事項、検察庁ニ関スル事項其ノ他諸般ノ司法行政事務（裁判所ノ権限ニ関スルモノヲ除ク）ヲ管理シ検察事務ヲ指揮ス

　一方、内閣の法律顧問として法制局が内閣の下に置かれていました。GHQは「政府の能率と経済の見地から」これを廃止し、権限が縮小された司法省と合体させて、1948年2月に新たに法務庁を設けました。法務庁設置法第1条は「政府における法務を統轄させるため、内閣に、法務総裁を置く。」、第2条は「法務総裁は、その地位に最もふさわしい者の中から、内閣総理大臣がこれを命ずる。その者は、国務大臣でなければならない。」、さらに第4条は「法務総裁の管理する事務は、法務庁でこれを掌る。」となっていました。そして、法務総裁の下に官房とともに五つの長官ポストが置かれました。

　翌1949年6月に行政機構簡素化が図られ、加えて国家行政組織法が施行されたことから、法務庁は法務府と改称されました。長官ポストも三つに削減されました。その一つである刑政長官に、司法省刑事局長の経験のあり、法務庁では法務

行政長官だった佐藤が収まりました。

　国家行政組織法第3条第2項は「行政組織のため置かれる国の行政機関は、府、省、委員会及び庁とし」、同第3項は「委員会及び庁は、総理府、法務府又は各省の外局として置かれるものとする。」と定めていました。つまり「庁」という名称は外局にしか使えなくなったため、内閣に直属する位置づけの法務庁に「庁」は不相応になってしまったのです。

　1952年4月28日にサンフランシスコ講和条約が発効し、日本は主権を回復します。当時の吉田茂首相は首相を常時補佐できる法制局制度の復活を強く望んでいたそうです。それが強い後押しとなって、同年8月に法務府から内閣の法律顧問としての機能が切り離されて、内閣の直属機関として法制局が復活します（1962年に内閣法制局と改称）。これと同時に法務府は法務省に改称され今日に至っています。以上の過程をまとめますと次のようになります（図表3-3）。

憂慮されたのは青少年による乱用

　話をヒロポンに戻します。その中毒者数については、1951年2月22日の参議院文部委員会における「青少年のヒロポン中毒患者の問題に関する件」の質疑の中で示されています。相良惟一文部省大臣官房会計課長事務代理は答弁で、1950年の警視庁の調べに依拠して、都内には約3万人の青少年のヒロポン中毒者がいるのではないかとの推計を述べています。先の朝日記事を基にすれば前年比2倍となります。1941年生まれの建築家・安藤忠雄は「私たちの子供のころは、街にはヒロポン中毒の連中がいて、警察が追いかけていた」と回想

図表 3-3 司法省から法務省に至る組織変遷

①大日本帝国憲法下（～ 1947.5.2）

		司法権		内閣の法律顧問
		司法行政権	裁判権	
行政	司法省	○		
	法制局			○
司法	裁判所		○	

②日本国憲法施行から法務庁設置まで（1947.5.3 ～ 1948.2.14）

		司法権		内閣の法律顧問
		司法行政権	裁判権	
行政	司法省			
	法制局			○
司法	裁判所	○	○	

③法務庁時代（1948.2.15 ～ 1949.5.31）

		司法権		内閣の法律顧問
		司法行政権	裁判権	
行政	法務庁			○
司法	裁判所	○	○	

司法省と法制局は廃止され、新設の法務庁に統合される。

④法務府時代（1949.6.1 ～ 1952.7.31）

		司法権		内閣の法律顧問
		司法行政権	裁判権	
行政	法務府			○
司法	裁判所	○	○	

⑤法制局復活、法務省設置以降（1952.8.1〜）

		司法権		内閣の法律顧問
		司法行政権	裁判権	
行政	法務省			
	法制局			○
司法	裁判所	○	○	

筆者作成。

しています（2017年10月11日付『朝日新聞』）。

　ただ、この時点で憂慮されていたのは覚せい剤それ自体の恐ろしさではなく、それが青少年に蔓延し「チャリンコ」（万引き）などの犯罪や「桃色遊戯」（不純異性交遊）の原因になっている点なのでした。しかも、被害者は非行少年ばかりではありませんでした。新聞データベース検索で最初に確認できたヒロポン広告のキャッチフレーズは、「睡気と倦怠除去に」でした（1943年1月24日付『朝日新聞』夕刊）。受験生が飛びつきそうです。実際に、戦後になってからのもので次の記事をみつけました。「今年東大入試で全国で最高の成績をおさめた東京の某高校などは試験勉強のためヒロポン、アドルムなどを常用し、ために身体をこわすものも少くないという」（1950年10月14日付『読売新聞』）。

　覚せい剤は非行少年ばかりか、東大を目指すような優秀な受験生をも蝕んでいたのです。なお、前述のとおり、アドルムとは坂口安吾も愛用していた強力な睡眠薬です。

　加えて、覚せい剤に溺れた青少年が覚せい剤ほしさに犯罪に走ることもありました。1950年1月22日付『読売新聞』夕刊は、東京・杉並区で少年18人がヒロポン代欲しさに強窃盗

を働き検挙されたと伝えています。1953年11月に国家地方警察東京管区本部がまとめた資料「少年におよぼす興奮剤の害毒と防止対策について」には、少年がヒロポン代ほしさに殺人や強盗を犯しているとの報告も掲載されています（1953年11月11日付『朝日新聞』）。また、当時の輸血制度は献血ではなく売血でしたので、ヒロポン代を売血で稼ぐことも行われていました。この血が外科手術に使われた結果、C型肝炎ウイルス（HCV）の感染が「爆発的に」広がりました（『日経メディカル Online』2016年6月21日付）。

〈覚せい剤は「適度」「適正」に用いよ〉

別の言い方をすれば、「大人」たちにとって覚せい剤は「ダメ。ゼッタイ。」の危険な薬物であるとの意識はきわめて希薄でした。むしろ、仕事に追われる多忙な人間の「かっこいい流行」とみなされる風潮すらあったのです（船山1978：61）。前出の大日本製薬の豊島は「嗜癖というふうになるということは十分承知しておつたのです。つまりたばこを吸つてたばこがやめられなくなると量が殖えるという程度のものとしか思つておらなかつたのです」と国会で述べています（参議院厚生委員会・1951年2月15日）。当事者の発言ですから鵜呑みにはできませんが、おそらく世間の認識もこれに近いものだったと推察されます。未熟な青少年の使用は禁止すべきだが、分別ある大人が「適度」「適正」に用いれば中毒に陥ることはないと高をくくっていたのです。

大日本製薬はヒロポンについてこの立場を一貫して堅持しています。社史にある該当箇所を引用します。「ヒロポンは、

適度に用いれば、健康人では睡気がさめ、身体及び精神の疲労感が除かれ、思考力及び判断力の増進を来し、作業能力の増進が認められる」（大日本製薬 1957：148）「ヒロポンは元来、健康人が適正に使用すれば眠気がさめ、心身の疲労感が除去され、思考力・判断力が向上して作業能力を増進させる効果をもっていた」（大日本製薬 1998：85）。

　もちろん、覚せい剤の「適度」「適正」の使用は、第1章第2節で紹介した芸人や作家の事例からほぼ不可能でした。

　とはいえ、たばこと異なり医薬品である覚せい剤は、その点から必要性と有用性を主張できたことも見落とせません。この論点を明確に打ち出したのが、1950年12月8日付『読売新聞』「編集手帳」です。それによれば、ヒロポン禍は事実であるが、ヒロポンそれ自体が有害なのではない。それが医療の範囲を超えて乱用されたことに問題がある。ヒロポンもストレプトマイシンやペニシリンに劣らないくらい医療上必要とされている。そしてこう結論づけます。「このような見地からはわれわれはヒロポンの全面的製造禁止法案には全面的に反対する◆薬の活用は文化を高める。薬が悪いからこれを禁止しようという精神は、近代科学に目をそむける未開人の意識であり、科学に対する野蛮な鎖国である」。

　原発推進論と相似の文脈に読めます。それはともかく、この記事が出た翌々日の12月10日召集の第10回通常国会で覚せい剤取締法案が提出され、その会期中に成立するのです。法案審議の中では、この「編集手帳」が指摘した医療上の必要性も重要な論点となっていきます。

第4章
覚せい剤取締法案が参議院で可決されるまで

第1節　厚生省による覚せい剤規制政策

国会審議における覚せい剤問題の登場

　上述のとおり、ヒロポン禍は戦後直後の由々しき社会問題でした。当然国会でも取りあげられました。国会会議録検索システムに「覚醒（せい）剤」と「ヒロポン」というキーワードを打ち込んだところ、覚せい剤取締法が成立する第10回国会までのヒット件数は以下のとおりでした（図表4-1）。

図表4-1　国会会議録における「覚醒(せい)剤」と「ヒロポン」のヒット件数

回次	会期	種別	「覚醒(せい)剤」	「ヒロポン」
---	1949.10.24	閉会中審査	0	1
6	1949.10.25-1949.12.3	臨時会	2	4
7	1949.12.4-1950.5.2	常会	3	7
8	1950.7.12-1950.7.31	臨時会	4	0
---	1950.11.7/11.15	閉会中審査	2	0
9	1950.11.21-1950.12.9	臨時会	4	4
10	1950.12.10-1951.6.5	常会	17	12

国会会議録検索システム（http://kokkai.ndl.go.jp/）より筆者作成。
第5回以前の国会会議録ではヒット件数はいずれもゼロである。

　1949年10月24日の参議院厚生委員会において、「ヒロポン」という言葉がはじめて登場します。当日予定されていた4件の議事が終わった散会直前に、前出の井上なつゑ議員が「新聞紙上でもやかましく言われております浮浪児のヒロポ

ンの問題」について短い質疑をしました。発言文字数にして163字です。この「新聞」とは、少年へのヒロポン汚染拡大を報じた前掲の10月19日付『朝日新聞』記事を指しているのでしょう。塚本重藏委員長（社会）は「これは適当の機会に委員会の問題にいたしたいと思います」と引き取って散会を宣しました。ですが、参議院厚生委員会で次にこの問題が取りあげられるのは、1年以上先の1950年12月5日まで待たなければなりません。

　参議院本会議では1949年11月24日に議論されています。この日は12件の議事がありました。その一つ目である常任委員長の選挙が終わったところで、小川友三（各派に属しない議員）が「ヒロポン問題」などに関する緊急質問の動議を提出し、これが認められました。

　会派に所属しない議員をくくるとき「無所属」という言い方がよく用られます。これは通称です。衆議院では「無所属」とよびますが、参議院では「各派に属しない議員」と称します。この小川議員は1947年4月20日に行われた第1回参議院議員通常選挙に自ら結成した「親米博愛勤労党」公認で全国区から立候補します。そして3年議員として当選を果たします。参議院議員は3年ごとの半数改選です。ただ、第1回だけは定数250の全議席分の選挙が行われました。当選者のうち上位半数を6年議員、下位半数を3年議員としたのです。小川は当選後、1947年5月19日に参議院院内会派の緑風会に入会します。同年9月27日には退会し、それ以降は各派に属しない議員として活動していきます。

　小川は1950年4月7日に、1950年度予算案に反対討論を

行いながら採決では賛成したことから、除名処分を受け失職しました。もちろん除名は懲罰のうち最も重い処分ですから簡単にはできません。対象となるのは「議院を騒がし又は議院の体面を汚し、その情状が特に重い者」（参議院規則第245条）です。日本国憲法第58条には「議員を除名するには、出席議員の三分の二以上の多数による議決を必要とする。」と定められています。

　参議院では小川以来、懲罰処分を科された議員はいませんでした。ところが、2013年11月22日に参議院本会議は、アントニオ猪木議員（日本維新の会）に対して登院停止30日の懲罰を可決しました。登院停止は除名に次ぐ重い処分です。参議院の許可を得ずに北朝鮮を訪問したことが理由でした。

　さて、登壇した小川は「ヒロポンは覚醒剤として医薬品中の優秀な医薬品」であると指摘します。さらに「この薬品がなければ病気の治療上非常な不便を来たす」ので、「医療政策上これが増産を図るのが至当である」とまで述べました。この2日前の11月22日付『朝日新聞』が「恐るべきヒロポン禍」なる記事を掲載したことは先に触れました。これを意識しての発言だったのでしょうか。小川は薬剤師出身で自ら製薬会社「サチ製薬」を経営していました。議員在職中に「サキポン」なる製品をつくると騙って砂糖の配給を受けました。それを横流しして参議院選挙費用に回した疑いで1950年8月に取り調べられます（1950年8月28日付『朝日新聞』）。

　どうも悪質な議員だったようです。この緊急質問にあたって、小川は一部の少年らによる悪用に問題を限局し、その犯罪件数などを殖田俊吉法務総裁に質しました。前章第3節で

述べたとおり、法務総裁は法務府のトップで国務大臣です。犯罪統計事務は当時法務府が担っていました。殖田は直接それに答えず、厚生省の取り組みの概略を紹介しました。その上で、「特別に取締る法規を出すかというような問題があるのでありまするが、只今のところそこまで考えておりません。ただ研究はいたしております」と述べるにとどめました。行政的な措置の限界を厚生省は意識していたのでした。

劇薬指定から公定書収載の削除へ

というのも、覚せい剤問題を憂慮した厚生省はすでに前年よりその規制に乗り出していたのです。

アジア・太平洋戦争中の1943年3月11日に、それまでの薬律、薬剤師法、売薬法などを一本化した薬事法が公布されます。その強い統制色を一掃するため全面改正された薬事法（現・医薬品医療機器法）が1948年7月29日に公布されます。その第2条第12項には「劇薬」についての規定があります。そして、同年8月15日制定の下位規程である薬事法施行規則（昭和23年厚生省令第37号）の別記第一号表には、劇薬名が具体的に指定されていました。次の記載に目が留まります。

「フェニルアミノプロパン、フェニルメチルアミノプロパン及びその各塩類並びにその各製剤」

フェニルアミノプロパンとはアンフェタミンを、フェニルメチルアミノプロパンとはメタンフェタミンのことです。つまり、覚せい剤は劇薬に指定されたのでした。劇薬に指定される

と、購入に際して購入者はその氏名・住所・職業・使用目的などを文書に記載し、捺印しなければなりません（薬事法第37条）。また、14歳未満の者は購入できません（同第38条）。

　ところが、このとき決められた施行規則には製薬会社に利する巧妙な抜け道が用意されていたのです。次の但し書きが続いていました。

　　「但し、一錠中フェニルアミノプロパン又はフェニルメチルアミノプロパンとして〇・〇〇一瓦以下を含有するものを除く。」

　こうして、メタンフェタミンあるいはアンフェタミンが1ミリグラム以下含有の錠剤は普通薬のままの扱いで済むことになったのです。

　医薬品に関する国の公定書である『国民医薬品集』の第1版は、1948年7月25日に発行され9月21日公布されました。そこには両製剤の散剤と錠剤の記載があります。たとえばメチルプロパミン（メタンフェタミン）の散剤はこれを1％、賦形薬を99％「を取り混和して製する」。錠剤では1錠につきメタンフェタミンの散剤0.1グラムを含むとなっています（日本薬局方調査会 1948：37）。散剤1グラムのメタンフェタミン含有量は0.01グラムです。ということは、1錠に含まれるメタンフェタミンは1ミリグラムとなります。プロパミン（アンフェタミン）も同じ調合割合になっていました（同32）。そのため、覚せい剤の錠剤購入にあたって劇薬指定の制約はかからなかったのです。

これでは覚せい剤の野放図な拡散を食い止められません。よって、厚生省は1949年3月28日付で薬事法施行規則を一部改正しました（昭和24年厚生省令14号）。すなわち、上記但し書きを削除したのです。ようやく覚せい剤の錠剤が劇薬となりました。

　ただ、劇薬とはいえこれら薬剤は『国民医薬品集』には収載されたままでした。そこに載っている限り、製薬会社はその薬剤を「自然発生的に製造ができる」（慶松一郎厚生省薬務局長答弁、参議院厚生委員会1950年12月5日）。そこで、1949年5月31日に厚生省は同省告示第102号により、『国民医薬品集追補1』を公布しました。これにより、メチルプロパミン（メタンフェタミン）とプロパミン（アンフェタミン）それぞれの散剤と錠剤を『国民医薬品集』から削除したのです。『国民医薬品集』への収載がない薬剤を製造するには、厚生大臣の許可が必要となります（椙山庸吉経済安定本部生活物資局医薬品課長、参議院厚生委員会1951年2月22日）。1949年9月1日以降は、製薬業者は「公定書外医薬品」の製造許可を申請し、厚相から許可を受けなければならなくなったのです。不当な製薬業者の締め出しが図られました。

覚せい剤の全面的製造中止勧告

　一方、覚せい剤の注射剤は『国民医薬品集』にずっと未収載でした。「公定書外医薬品」に対する厚相の製造許可は毎年更新されます。その都度、厚相は医療上の必要性を考慮して許可を継続してきていました。とはいえ、注射剤の薬効は散剤、錠剤とは比べものになりません。しかも皮下注射ならま

だしも、「静脈内注射によるときは即座に、感情発揚し、覚せい感・爽快感があり、活動性もたかまり、喋り動きまわる」（精神衛生文化協会 1955：38）。従って、次は注射剤の規制が喫緊の課題となったのです。

　1949年10月27日、厚生省は各都道府県知事あてに事務次官通牒「プロパミン等の製造及び販売について」（薬発第164号）を発出しました。これは製薬業者に注射剤の製造自粛を勧奨するものでした。前出の慶松は国会でその理由を「すでに医療上必要な量よりも遙かに多数の量のこの種製剤が市場に存在するということが、我々の調査によりましてわかりました」と説明しています（1950年12月5日・参議院厚生委員会）。『厚生省五十年史』では「昭和二十四年十月には製造業者に対して覚せい剤の製造を全面的に中止するよう勧告した」と、かなり強い書き方がされています（厚生省五十年史編集委員会 1988：696）。

　覚せい剤の増産を唱えた先の小川の緊急質問が参議院本会議でなされたのは1949年11月24日でした。その1か月前には、覚せい剤の全面的な製造中止が勧告されていたのでした。

薬事法第41条第7号の医薬品に指定

　1950年末から1951年にかけて、埼玉県内で青少年を中心とした集団輪姦事件が起こりました。関係した百数十人以上のほとんどが、富山化学工業の覚せい剤「ネオアゴチン」の常用者でした。警察庁防犯課の近藤光治は「この事犯を契機として初めてヒロポンの害悪性が大きな社会問題となり」と指摘します（近藤 1955：41）。

事態を重くみた厚生省は、現行薬事法規の範囲内で実行可能な一段と強い規制政策を検討することになります。その結果打ち出されたのが、1950年2月17日の厚生省告示第45号です。これにより、覚せい剤は薬事法第41条第7号の医薬品に指定されたのでした。すなわち、「医師、歯科医師又は、獣医師の処方せん又はその指示」がなければ、一般の人びとは覚せい剤を購入することはできなくなりました。

　ただ、この措置も効果が限定的であることが次第に明らかになっていきます。その実態を慶松薬務局長は1950年12月5日と12月9日の参議院厚生委員会で、主に3点にわたって披瀝しています。

　　①犯罪に走る青少年たちは薬局などを脅迫して入手している。
　　②医師が1か月分あるいは1年分の指示書を発行している場合すらある。
　　③中毒者に施用を禁止することができず、医師が患者の懇願に負けて、あるいは患者から脅迫されて処方箋ないし指示書を発行してしまう場合がある。

　とりわけ②と③について現行の薬事法に照らして違法とまでは言い切れません。従って、「この問題の解決は何らかの独立的な法規を作らない限りは非常に困難である」と慶松は述べました（1950年12月9日・参議院厚生委員会）。『厚生省五十年史』も「これらの措置によっては覚せい剤乱用を沈静化させることができなかった。その結果、昭和二十六年に「覚せ

い剤取締法」〔略〕が制定され」と記しています（厚生省五十年史編集委員会 1988：696）。

この告示のあとも厚生省は何本もの通牒（いまでいう通達）を発しました。生田（1951：33-34）によれば次のとおりです。

> 昭和25年3月9日薬発第171号：同年3月の生産目標量（注射液）を基準にして、製造業者ごとの生産割当を実施すると同時に、業者に生産月報を提出させる。
> 昭和25年7月13日薬発第447号：製造業者に同年7月以降の覚醒剤の生産と販売についての旬報を提出させる。
> 昭和25年7月29日薬発第480号：同年度第2・四半期（7月～9月）の生産割当を行う。
> 昭和25年8月11日薬発第505号：薬局・病院などにおける覚醒剤の販売や使用についての月報を提出させる。
> 昭和25年9月20日薬発第603号：都道府県知事に対して覚醒剤の無登録業者の取締りの一層の強化を指示する。
> 昭和25年10月14日薬発第666号：同年度第3・四半期（10月～12月）の生産割当を行う。

なお、これらの各通牒についてオリジナルを確認するために、厚生労働省に行政文書開示請求を行いました（2017年9月2日付）。回答は60年以上前のものなので省内に「残っていない」とのことでした（9月5日に厚生労働省担当者に電話確認）。これが事実とすれば、いくら戦後間もない時期といえども、公式の通牒を廃棄する神経は信じがたいところです。い

わゆる森友問題で財務省の行政文書管理のずさんさが大きな問題となりました。後世の検証に備えて、行政文書は厳格に保管すべきです。

覚せい剤製造の当分中止を勧告

ともあれ、これらの通牒により、薬局などに販売方法の指導を徹底させ、製薬業者には生産量割当てを行い、生産数量を旬報で報告させるなどの措置が講じられました。慶松によれば、医療上の必要量として1950年度第2・四半期（7月〜9月）に700リットルを業者に割り当てた。ところが、業者は報告を偽り、1か月で2000リットルから3000リットルも製造している業者もあったといいます（1950年12月5日・参議院厚生委員会）。

必要量よりはるかに過剰にストックがあることが判明したため、厚生省は1950年11月29日にさらに事務次官通牒を発して、12月1日から覚せい剤の製造を当分の間中止するよう「武田薬品工業以下廿二社」（1950年12月1日付『読売新聞』夕刊）に対して厳重に勧告しました。それを伝える読売記事の横には、架空の病院名で「覚醒剤中毒患者証明書」を作成して薬局から覚せい剤を数十回購入した若者三人が送検された記事が載っています。ただし、容疑は私文書偽造です。これも薬事法の限界を示すものです。

ちなみに、第3章第3節の図表3-2（105頁）に列挙したとおり、当時覚せい剤を製造していた製薬メーカーは23社ありました。ただ、椙山庸吉経済安定本部医薬品課長は1951年2月22日の参議院厚生委員会で「当時許可を持つており

ましたものは二十一社ございますが、昨年〔1950年〕の十一月二十九日に現に生産を行なつておりましたのは八社でございまして」と答弁しています。一方、生田（1951：47）には「若干の会社は廃止届出済」とあるので、2社がそれに該当するのかもしれません。

　大日本製薬はこの通牒を受けて、ヒロポンの製造を中止し残存製品を廃棄しました（大日本製薬 1998:85-86）。とはいえ、生産割当てにせよ製造中止にせよその勧告は行政措置であるため罰則を伴いません。協力しない不当な業者の排除はできませんでした。

　その結果、覚せい剤取締法の制定直前の薬局と医薬品販売業者における覚せい剤の剤型別の在庫数は次のとおりでした（図表 4-2）。

図表 4-2　覚せい剤取締法の制定直前の薬局などにおける覚せい剤の在庫数

	剤型	在庫数	備考
1	錠剤	368万8620タブレット	
2	注射剤	62万9800アンプル	
3	粉末	6865グラム	
4	散剤Ⅰ	4万1651グラム	粉末の100倍希釈
5	散剤Ⅱ	575グラム	粉末の10倍希釈

　1951年2月22日の参議院厚生委員会における草間弘司常任委員会専門員の答弁により筆者作成。
　これは各都道府県の調査員からの報告を集計したものであり、草間によれば「まだ未報告の県が三つ四つございます」とのことで、実際はこれ以上の在庫数となる。

第2節　覚せい剤取締りをめぐる国会質疑

だれがどれくらい熱心だったのか

　覚せい剤問題が国会で本格的に議論されるのは、1950年11月21日召集の第9回臨時国会（会期終了日1950年12月9日）、および続く同年12月10日召集の第10回通常国会（会期終了日1951年6月5日）においてのことです。上記のとおり、厚生省は12月1日からの覚せい剤の製造中止を強く勧告していました。

　12月5日の参議院厚生委員会では山下義信委員長（社会）が「毒物及び劇物取締法案（内閣提出）」の議題に入ってすぐに、「なお」と述べて覚せい剤の問題を政府に質しています。1949年10月24日の同委員会で、井上委員による覚せい剤問題の質疑に対して、塚本委員長が「これは適当の機会に委員

図表4-3　覚せい剤問題の国会での審議状況

	回次	審議期日	審議委員会	議題名
1	9	1950.12.7	参・厚生	覚醒剤の弊害防止に関する件
2	9	1950.12.9	参・厚生	ヒロポンの製造販売に関する件
3	10	1951.2.15	参・厚生	覚醒剤に関する件
4	10	1951.2.22	参・厚生	同上
5	10	1951.2.22	参・文部	青少年のヒロポン中毒患者の問題に関する件
6	10	1951.5.23	参・厚生	覚せい剤取締法案
7	10	1951.5.25	参・厚生	同上
8	10	1951.5.27	衆・厚生	同上
9	10	1951.6.2	衆・厚生	同上

国会会議録検索システムより筆者作成。

会の問題にいたしたいと思います」と引き取ったことは先述のとおりです。それから1年以上を経てようやく「適当の機会」が訪れたのです。

　これ以降、参議院厚生委員会を中心に覚せい剤問題が議論され、ついには参議院議員発議の議員立法として覚せい剤取締法の成立に至ります。具体的な審議状況を前頁図表4-3に掲げました。

　とりわけ1951年2月15日の参議院厚生委員会の議題はこの1件だけでした。ほぼ2時間にわたって各委員が4人の参考人から意見を聴取しています。散会直前には藤原道子委員（後出）が「十分伺いましたと述べました。

　参議院厚生委員会は15人の委員から構成されていました。第9回国会と第10回国会それぞれの初回委員会における委員は次のとおりでした（図表4-4）。

　第9回国会と第10回国会で委員構成にほとんど変化はありませんでした。彼ら15人の属性で注目すべきは、元医師と元看護師が第9回国会での委員会で6人、第10回のそれでは7人もいることです（図表4-4の備考欄のアミカケ）。元医療従事者の議員の多さが、覚せい剤取締りへの社会的要請を背景に、与野党議員共同発議の法案を立案させ成立させた大きな要因だと考えられます。

　第10回国会では参議院厚生委員会における覚せい剤取締法案の可決（1951年5月15日）まででみますと、次の3件の委員交代がありました。

　①城義臣（自由）→ 1951.1.19 →石原幹市郎（自由）
　②堂森芳夫（社会）→ 1951.1.27 →上條愛一（社会）→

図表 4-4　第 9 回・第 10 回国会の初回参議院厚生委員会における委員構成

	第 9 回国会	第 10 回国会	会派	選挙区	備考
1	有馬　英二	有馬　英二	国民民主	北海道	理事；元医師
2	井上なつゑ	井上なつゑ**	緑風会	全国	理事；元看護師
3	大谷　瑩潤	大谷　瑩潤	自由	全国	
4	河崎　ナツ	河崎　ナツ	社会	全国	委員長*
5	小杉　繁安	小杉　繁安	自由	山形	理事
6	城　義臣	城　義臣	自由	熊本	
7	常岡　一郎	常岡　一郎	緑風会	全国	
8	堂森　芳夫	堂森　芳夫	社会	福井	元医師
9	長島　銀藏	長島　銀藏	自由	全国	
10	中山　壽彦	中山　壽彦**	自由	全国	元医師
11	深川タマヱ		国民民主	東京	
11		谷口弥三郎**	国民民主	全国	元医師
12	藤森　眞治	藤森　眞治	緑風会	兵庫	元医師
13	藤原　道子	藤原　道子	社会	全国	元看護師
14	松原　一彦	松原　一彦**	第一クラブ	全国	
15	山下　義信	山下　義信**	社会	広島	委員長*

国会会議録検索システムおよび衆議院・参議院編（1990 a）より筆者作成。
第 9 回国会における参議院厚生委員会の初回委員会期日は 1950 年 11 月 27 日、第 10 回国会では 1950 年 12 月 11 日。
＊委員長は第 9 回国会では山下、第 10 回からは河崎、その会期中の 1951 年 3 月 31 日からは再び山下。
＊＊は覚せい剤取締法案の 5 人の発議者を示す。

1951.5.18 →堂森芳夫

③大谷瑩潤（自由）→ 1951.3.9 →川村松助（自由）→ 1951.3.23 →草葉隆圓（自由）。

次に、上記図表 4-3 に掲げた合計 6 回の参議院厚生委員会

図表 4-5　参議院厚生委員会での期日別の質疑者

	第 9 回国会		第 10 回国会			
	1950.12.7	50.12.9	1951.2.15	51.2.22	51.5.23	51.5.25
有馬　英二	○	○	◎	◎	○	◎
井上なつゑ	○	○	×	×	○	◎
河崎　ナツ	○	○	▲	▲	○	○
小杉　繁安	○	○	×	○	○	▲
谷口弥三郎	--------	--------	×	×	◎	○
中山　壽彦	○	○	◎	◎	◎	◎
藤森　眞治	○	○	◎	◎	◎	◎
藤原　道子	○	◎	◎	◎	◎	×
松原　一彦	○	○	○	◎	○	○
山下　義信	▲	▲	×	×	▲	○
出席委員数	13	14	8	10	13	13

国会会議録検索システムより筆者作成。
最上段の日付は参議院厚生委員会の期日。
▲は委員長、もしくは委員長に代わって議事進行をつとめた理事（小杉）。◎は質疑を行った委員、○は出席、×は欠席、-------- は非委員。
1951 年 2 月 15 日の委員会では、委員ではない赤松常子参議院議員が委員長の許諾を得て質疑している。

で議論の中心にいた議員はだれだったのでしょうか。質疑を行った委員を委員会期日ごとにまとめました（図表 4-5）。

　委員長・理事以外の質疑委員は 7 人であり、うち松原を除く 6 人は元医師あるいは元看護師です。一度も発言していない彼ら以外の委員はすべて元医療従事者ではありません。委員長および元医療従事者の委員が厚生省など関係部署の関与を得て、覚せい剤取締法案を詰めていったことが示唆されます。とりわけ有馬英二、中山壽彦、藤森眞治、藤原道子が複

図表4-6　質疑回数の多い委員の質疑回数と発言文字数

委員氏名	質疑回数	発言文字数
有馬　英二	13	2743
河崎　ナツ*	20	1795
中山　壽彦	14	1890
藤森　眞治	37	4074
藤原　道子	19	9151
山下　義信*	10	1787

国会会議録検索システムより筆者作成。
*河崎と山下は委員長。ただし、河崎には平の委員としての質疑が1回含まれる。

数の期日で質疑しています。彼ら4人と2人の委員長の質疑回数と発言文字数を合計したのが図表4-6です。質疑回数では藤森が、発言文字数では藤原が圧倒的であることがわかります。

具体的な法案化作業

1950年12月5日の参議院厚生委員会で山下委員長に「根本的な対策」を求められて、黒川武雄厚生大臣はこう答弁しています。「法的に製造を禁止するとか、そういう権限を厚生大臣に与えてもらうような措置を将来講じたい」。行政措置の限界と法的拘束力をもつ新たな規制の必要性は明らかでした。

そのための具体的な法案化作業の経過を、中原武夫参議院法制局第一課長が1951年2月22日の参議院厚生委員会で明らかにしています。それによれば、次の三つの考え方が検討されたといいます。①薬事法の改正による製造業者・販売業者の抑止、②全国的な絶対的な禁止、③麻薬取締法を準用する取締り。

①では密造行為を罰せられません。加えて中毒者を処罰で

きません。なぜなら、薬事法の趣旨は不良医薬品の排除だからです。正当な製薬業者によって製造された覚せい剤が本来の目的を超えて悪用されても、それは薬事法の想定外のことで対処できないのです。

　②の場合、薬事法に基づいてこれまで覚せい剤を製造してきた正規の業者には、その在庫について法的な損失補償の問題が生じます。12月末の在庫量から計算するとそれは376万円余になります。この案を支持した前出の藤原はこの補償額について「僅か三百七十六万円〔略〕と今の社会的に流している害毒を併せ考えますときに、どつちに比重を置くかということになるのですが、三百七十六万円というのは安い金額である」と、同日の委員会で主張しました。ですが、金額の多寡にかかわらず、予算措置が発生すれば大蔵省の反対が予想されるため、②は押し通せなかったと考えられます。

　ちなみに、議員立法に熱心だった山本孝史衆議院議員（のちに参議院に転出）は、科学技術基本法の例を引きながら、「予算に関連する法律を議員立法するには大蔵省の壁が厚い」と述べています（山本 1998：25）。山本は2006年5月22日の参議院本会議において自らがん患者であることを公表しました。このときの質疑を山本は次のような感動的な言葉で結んでいます。

　　「私は、大学生のときに交通遺児の進学支援と交通事故ゼロを目指してのボランティア活動にかかわって以来、命を守るのが政治家の仕事だと思ってきました。がんも自殺も、ともに救える命が一杯あるのに次々と失われてい

るのは、政治や行政、社会の対応が遅れているからです。／年間三十万人のがん死亡者、三万人を超える自殺者の命が一人でも多く救われるように、がん対策基本法と自殺対策推進基本法の今国会での成立に向けて、何とぞ議場の皆様の御理解と御協力をお願いをいたします」。

　山本の執念が実って、いずれも議員立法である両法案はこの国会で可決・成立しました。がんに冒されながらも、山本はその後も議員活動を続けました。ときには酸素吸入器を装着しながら。ついに翌2007年12月22日に胸腺がんのため議員在職中に死亡しました。58歳でした。

　「命を守るのが政治家の仕事だ」として山本はまさに一命をなげうったのでした。その仕事ぶりに対して、2017年総選挙で自民党が掲げた「この国を守り抜く」とのスローガンはな

写真4-1　2017年総選挙の選挙運動期間に自民党本部に掲げられた懸垂幕

2017年10月12日筆者撮影。

んと空疎に聞こえることでしょうか。選挙運動期間中にたまたま自民党本部前を通った私は、党本部に掲げられた赤字で書かれた懸垂幕に戦時下の独裁国家に迷い込んでしまったような錯覚を覚えました（前頁写真 4-1）。

話を元に戻します。麻薬取締法の準用という上述③にも難点がありました。その説明があった1週間前の2月15日の参議院厚生委員会に、東京慈恵会医科大学教授の竹山恒壽が参考人としてよばれました。その際に彼は、覚せい剤を麻薬として追加指定することの問題点を指摘していました。覚せい剤は「本質的には阿片、コカイン、大麻というような麻薬と違う。〔略〕特に日本だけがこの覚醒剤を麻薬として扱うことは如何なものか」と。また、麻薬取締法には輸入から消費まで11段階が設定されています。しかし覚せい剤では製造業者から医師へ向かうルートだけですので、製造業者と医師を把握して、それ以外の所持と譲渡を一切禁じればよいのでした。

ちなみに、竹山はその後、日本ではじめて覚せい剤中毒患者を専門に収容するために1953年8月に開院した、後述の総武病院の院長に収まります。

藤原道子が求めた製造禁止の「英断」

こうして、覚せい剤の取締りには新規立法による規制が最も望ましいという方向へ意見は集約されていきます。そこでの争点は製造禁止にまで踏み切れるかどうかでした。くだんの藤原は「飽くまでも製造〔の〕禁止」の「英断」を求めました。理由として、覚せい剤が「今の日本の社会に流す害」を5点挙げています（①以外は伝聞と断っている）。①青少年

中毒者の続出、②警察予備隊による使用見込み、③電源開発工事の労働者による使用、④競馬の競走馬への投与、⑤軍需産業に従事する特需景気で繁忙な労働者による使用（1951年2月15日参議院厚生委員会）。

　この日は午前2時に東京地方に暴風雪警報が出される悪天候で、出席予定の警察予備隊の医務総監が欠席しました。出席委員が8人と他の委員会と比べて極端に少ない（図表4-5）のもそのためだと考えられます。なので②の真偽は判明しませんでした。2月22日の参議院厚生委員会で中山がこの件を再び取りあげます。警察予備隊が政府に覚せい剤を要求した場合、政府はこれを製造させるのか、と。経済安定本部から異動した椙山庸吉厚生省薬務局製薬課長が答えます。「仮にそういつた要望がございましたならば、果してその要望が止むを得ざるものかどうかという点について十分にこれは慎重に研究する必要がある」。折からの朝鮮戦争と戦時中の覚せい剤使用を考え合わせると、含みのある発言です。

　⑤については、2月15日の委員会で委員外議員として質疑を認められた赤松常子（社会）が、中小企業で覚せい剤を注射して労働者を働かせた事例はあるかを警視庁に質しています。赤松は参議院労働委員会の委員長でした。山本鎭彦警視庁少年防犯第二課長は「全然扱つた経験ございません」と否定しました。

　ただし、1950年11月29日の衆議院大蔵委員会の所得税法案についての公聴会で、渡邊三知夫全日本金属労働組合常任中央執行委員が公述人として次の意見を述べています。朝鮮戦争前から戦争準備として労働強化が進んでいて、早出や徹

夜が行われていた。最近の特需でそれはいっそう深刻の度を増している。製鉄所や造船関係の職場では「ヒロポンを打つて、何とかやつて行く」ことを、「会社側が〔略〕こつそりやらしている」との報告を受けている、と。

　上記委員会で藤原は「誠に労働者の立場から考えまして、私は大いに考えさせられておる」と述べています。藤原は覚せい剤の問題を、青少年の非行化の問題に加えて、労働者の労働環境の問題としても捉えていたのです。

医療・研究目的からの必要性

　この点を藤原は、2月22日の参議院厚生委員会でも追及しました。「労働強化の場合にこれ〔ヒロポン〕が使われておる傾向がございます。〔略〕これを国の法律で以て禁止するという線に持つて行くのがとるべき途だと考える」

　椙山製薬課長が答弁します。「その措置として有害で価値なしという角度からそれを禁止するという線には、只今私どもとしてはそこまで十分まとまつていない〔略〕薬として価値なしという角度からの禁止については、只今のところ私どもとしてはお答えできない」

　つまり、厚生省は覚せい剤の医療上の効用にこだわり、その製造禁止をためらっていたのです。これについては2月15日の委員会ですでに参考人の意見が示されていました。前出の都立松沢病院長の林暲が参考人としてよばれ、覚せい剤の処方例として、抑鬱症、ナルコレプシー（睡眠発作）、分裂病を挙げています。そして「これは絶対に作らぬようにするということには、私どもは多少危惧を持つておる」と述べたの

です。

　同委員会でそのあと、元医師の委員である有馬が前出の竹山参考人に「この製造禁止を絶対的のものであるとはお考えになつておられないわけですか」と質しました。竹山は「〔ナルコレプシーの発作の場合〕覚醒剤を使つておりますと、その発作を抑制することができる」と答えています。

　さらにそのあと、やはり元医師の委員の中山が「この覚醒剤が医療の面にはたくさん要らない。而して半面には非常に社会的に害毒を流す。従つてこの覚醒剤というものの製造を全然禁止したらどうか」と、重ねて参考人二人に問いました。林は「絶対にこれを潰してしまうというのはどうも文化的でない。その辺は少し研究の自由の上から、やはり或る使える途は残しておいて頂けまいか」と反論しています。前章の最後で引いた『読売新聞』「編集手帳」の「薬の活用は文化を高める」との指摘を想起させる答弁です。

　とまれ、林はここで研究目的という新たな「存在理由」を提出したのでした。竹山も「医療上に極く僅かには使います。覚醒剤は使える。それで又研究的にも使う場合もあります。それでありますから先ほどから申上げました通り正規なルートにのせて医療上に、或いは研究上に使うというために法規を作つたらどうか」と林に同調しています。

　医療・研究目的から覚せい剤の必要性を説く彼らに対して、藤原は重ねて「この覚醒剤がなければ絶対に駄目なのでございましょうか」と迫ります。林は「どうしても取締を強化すると同時に製造も一時は全面的に禁止しなければ徹底できぬということならば、一時はそうした犠牲を忍ぶのも私ども止む

を得んと思つております」と譲ってみせました。竹山も「只今の御意見は誠に御尤もでありまして、私どもも痛感しております」と応じます。

2月22日の委員会審議に戻れば、その終盤に河崎ナツ委員長が製造の禁止か制限かと論点をまとめています。その上で、「一応今日はこれで閉じることにいたします」として、河崎は散会を宣しました。「一応」が近日中の続開を暗示しています。ところが、次の委員会が開かれたのは3か月先の5月23日なのでした。

第3節　覚せい剤取締法案をめぐる参議院質疑

残されていない覚せい剤に関する小委員会議事録

1951年5月18日に覚せい剤取締法案が「中山壽彦君外四名」を発議者として国会に提出されました。法案は内閣提出法案（閣法）と議員立法に分かれます。そして、議員立法はさらに衆議院議員発議法案（衆法）と参議院議員発議法案（参法）に分けられます。覚せい剤取締法案は参法にあたります。閣法、衆法および参法とは国会内でのみ公式に使われる用語です。

上掲図表4-4に＊＊で示したように、発議者は与野党5人の厚生委員会委員でした。5月23日の参議院厚生委員会で、山下委員長は「小委員長として、本案に対しまする主任として御尽力を頂きました中山委員〔略〕のお考えでありましたその線に沿いまして、一応各派の代表者が提案者といたしまして、上程の手続きをいたしました」と提出までの経緯を紹介

しています。

　すべての委員会はその決議に基づいて小委員会を設置することができます。しかし、会議録の上では、ここで指摘されている覚せい剤に関する小委員会の設置は、記録されていません。従って、山下のいう中山を委員長とする小委員会が何を指しているかは不明のままです。小委で法案の実質的なとりまとめ作業がなされたとすると、最も重要な過程がわからないということになってしまいます。この点を、参議院の慣例や出来事に詳しい参議院事務局の元職員の方にメールで確認しましたが、「会議録上〔略〕覚せい剤に関する小委員会の設置〔は〕見当たりません」との回答でした（筆者あて 2017 年 9 月 4 日付メール）。

　中山は 1946 年 10 月から 1948 年 3 月まで日本医師会第 4 代会長をつとめました。そうした大物で当時 70 歳であった中山の「お考え」が、この 3 か月間の法案とりまとめ作業に影響を及ぼしたことが推察されます。当時、日本医師会の理事であり衆議院議員でもあった岡良一（社会）によれば、「現在国会には衆、参両院合して 11 名の医系議員がいる。この諸君は医系議員連盟として最近組織され」たとのことです（岡 1950：1088）。

　岡は医系議員連盟を組織した 11 人がだれかまでは述べていません。そこで、衆議院・参議院編（1990 a）と同編（1990 c）を照合したところ、当時の参議院議員における元医師議員は次の 7 人であることがわかりました。中山壽彦（自由）、木村守江（自由）、堂森芳夫（社会）、藤森眞治（緑風会）、有馬英二（国民民主）、竹中七郎（国民民主）、および谷口弥三郎

(国民民主)。一方、同編（1990ｂ）と同編（1990ｄ）の照合の結果、衆議院議員では、大石武一（自由）、丸山直友（自由）、岡良一（社会）、および福田昌子（社会）の4人の元医師議員がいました。これで衆参合計で11人となります。

彼らのうち上掲図表4-4の元医師5人が中山の小委員会において法案の実質的内容を固めていったのではないかと思われます。

中山壽彦による提案理由説明

5月23日の委員会で、その中山が法案の提案理由を説明しました。まず、現行の薬事法規に則って厚生省が可能な限りの対策を講じてきた。だが、薬事法は不良医薬品を駆逐するのが目的であって、覚せい剤のように使用者の乱用は予定も規定もしていない。現行法規に基づく取締りの限界をこう指摘します。とはいえ、覚せい剤の根本的取締りを求める世論は高まるばかりで、「この世論に答えようと、昨年秋から本年に亘つて漸く参議院厚生委員会で得ました成案が、この覚せい剤取締法案であります。」確かに、世論に迅速に対応できる点が議員立法のメリットです。この迅速さについて、竹下登元首相は次のように述べています。

> 「政府提案は手間がかかるんですよ。〔内閣〕法制局で、いやこれは商法にも関係があって、なんだかんだって……。／衆議院法制局、参議院法制局というのは、ほんとうに男を女にする以外はなんでもすぐに（法律を）つくるから（笑）。〔略〕金融関係なんかでも、おそらく議員立法が

出ると思いますよ。政府提案では、法制審議会にかけて、法律の専門家が議論しだしたら十年かかるという問題がきっと出てくるはずだから」。(竹下 2001：174-175)

　次いで中山は法案の骨子に話を移します。それを5点にまとめます。「第一に、覚せい剤の用途を医療用と学術研究用のみに限定することといたしました。」藤原が切望した例外なき製造禁止の方針はやはり採用されませんでした。第二にその「限定」の対象として、中山は製造業者、医療機関、研究者の有資格者をそれぞれ指定するとしています。第三は所持禁止の原則を設けたと述べます。これがこの法案で一番重要な規定といっていいでしょう。中山の説明のあと、詳細を解説した中原参議院法制局第一課長が、その点を強調しています。

　　「十四条は所持の禁止でございます。現在最も取締官庁が困つておりますことは所持禁止の規定がないために、現実に上野のような所で覚せい剤を売るために持つておるものを起訴することができない〔略〕現在の薬事法では〔略〕売るために持つておることが明らかだと認められましても、それが販売をしている現場をつかまえなければ取締ることができませんし、現に誰に売つたかという証拠を固めて行かなければ起訴ができない〔略〕この十四条の所持禁止が最も大きな強い規定でございます」。

　所持の禁止に関連して、中原は覚せい剤の交付の仕方に言

及しています。医師が患者に施用のために交付する場合これまでと異なり、処方箋を発行して、患者がそれを薬局で提示して購入するやり方は禁止されます。「医師が直接手渡しする、直接注射をする、そういう場合だけが合法的に許されるわけでございます」。

　第四は覚せい剤の譲渡、譲受には都道府県発行の譲渡証、譲受証の記入、交付を義務づけたこと、並びに第五は経過措置です。

生産量制限の遵守規定

　厚生省は製造業者に四半期ごとに生産量割当てを行っていました。しかし、それを守らない不当な業者が跡を絶ちませんでした。1950年11月には富山化学工業が割当量を大幅に上回る覚せい剤（ネオアゴチン）を密造していたことが発覚します。第2・四半期の制限量が5万2000本だったにもかかわらず、6月から500万本も販売し、そのほとんどが製造元の密造品だったというのです（1950年11月10日付『朝日新聞』）。上述のとおり、その年末から翌年にかけて発生した埼玉での集団輪姦事件に関与した青少年のほとんどが、ネオアゴチンの常用者でした。

　法案ではこうした抜け駆けを防ぐために、第15条第2項に厚生大臣が四半期ごとに「各覚せい剤製造業者の製造数量を定めることができる」としました。さらに同条第3項で製造業者はそれを超えた「覚せい剤を製造してはならない」と定めました。この条項について中原は「医療用、研究用に必要な数量だけを割当てて行くということになりますと、大体過

去における生産実績の二百分の一ぐらいになるはずであります」と見通しました（1951年5月23日参議院厚生委員会）。

その上、この数量制限を厳守させるため、第21条はその範囲内で製造された覚せい剤には政府発行の証紙で封入することを義務づけました。それがなければ不正な製品であることがすぐにわかるしくみです。けれども、藤原はそこに疑義を呈しました。「〔証紙に〕ナンバーを打つぐらいに厳重にしなければ、この法案でもまだ裏をくぐる盲点があると思う」と。慶松は麻薬でさえそれはしておらず、ラベルに製造番号を打たせているから、覚せい剤も同様とするつもりだとかわしました（同）。

藤原はなおも納得せず、医療上必要量が微量であるならば、「むしろ私たちは社会悪等を考えるならば、ないほうがいいと思います」と自説を繰り返しています（同）。

藤原道子の欠席で全会一致により参議院を通過

結局、覚せい剤取締法案は1951年5月25日に参議院厚生委員会で起立採決により、原案どおりに全会一致をもって可決されます。それまで皆出席だった藤原はこの日の委員会を欠席しました（図表4-5）。社会党はこの法案に賛成だったので、藤原は造反投票ではなく欠席を選んだのでしょう。翌26日の参議院本会議も起立採決による全会一致で可決され衆議院に送られます。藤原はおそらくこの採決にも欠席したはずです。そして同日に法案は衆議院厚生委員会に付託されたのでした。

第5章
覚せい剤取締法の成立

第 1 節　覚せい剤取締法案をめぐる衆議院質疑

乱闘国会と繰り返される会期延長

　衆議院厚生委員会は法案が付託された翌日の 5 月 27 日に審議していています。この日は日曜日でした。会期末が翌 28 日だったために開催されたと考えられます。

　第 10 回国会の当初の会期は 1951 年 5 月 8 日まででした。ところが同日に 20 日間の会期延長を行って 5 月 28 日までとなっていました。ただし、28 日に 5 日間の会期延長を、6 月 2 日に 3 日間の会期延長を行ったので、結局閉会したのは 6 月 5 日でした。会期延長が 3 回もなされたのです。会期の延長については、国会法が施行された 1947 年 5 月 3 日から当時まで変わることなく、同第 12 条で「国会の会期は、両議院一致の議決で、これを延長することができる。」と定めるのみでした。従って、法律上は何回でも延長できたのです。その後 1958 年 4 月に国会法の一部改正が行われ、第 12 条に第 2 項として「会期の延長は、常会にあつては一回、特別会及び臨時会にあつては二回を超えてはならない。」との条文が加わりました。これが今日まで続いています。

　なぜこのとき会期延長に制限が加えられたのでしょうか。1950 年代にはいわゆる乱闘国会が頻発していました。その際たるものは、第 19 回国会における 1954 年 6 月 3 日夜の乱闘事件です。翌日付の『朝日新聞』は「三日夜の衆院本会議は自由党の提案した会期二日間延長の議決をめぐって、かつてない混乱と乱闘のうちに終始し、警視庁の警官が議院内に

急派されるなど国会史上に大きい汚点を残した。しかも堤議長は同夜十二時の寸前ついに議長席につけないまま、本会議場入り口近くで「二日間延長の可決」を宣するという異常な事態となり」と書きました。その様子を撮った写真が引用資料 5-1 です。

引用資料 5-1　1954 年 6 月 3 日夜の衆議院本会議における議長席周辺の様子

出典：1954 年 6 月 4 日付『朝日新聞』。

国会会議録には「午後十一時五十分電鈴があつた後の議事は、議場混乱と騒擾のため聴取不能であつた」と記され、この議決の記録は残されていません。国会内に警官隊が出動したのはこのときがはじめてでした。

当時の国会法第 13 条は会期延長について、「両議院一致の議決に至らないときは、衆議院の議決したところによる。」と定めていました。この規定に基づき、衆議院本会議の議決だけで会期が延長されました（会期延長の議決について衆議院の優越を認めている点では、現行の国会法も同じです）。

図表5-1　第19回国会の5回に及んだ会期延長

	会期	日数
当初	1953.12.10 〜 1954.5.8	150日
第1回延長	1954.5.9 〜 1954.5.22	14日
第2回延長	1954.5.23 〜 1954.5.31	9日
第3回延長	1954.6.1 〜 1954.6.3	3日
第4回延長	1954.6.3 〜 1954.6.5	2日
第5回延長	1954.6.6 〜 1954.6.15	10日

国会会議録検索システムに基づき筆者作成。

　実は1953年12月10日に召集されたこの第19回通常国会は会期延長を小刻みに繰り返していました（図表5-1）。

　政府与党は野党に追及される機会を少なくしたいため、できるだけ短い会期を設定しようとします。とはいえ、政府与党にとって必要な法案は可決・成立させなくてはなりません。ジレンマの結果が上記の5回にわたる会期延長でした。この国会での最大の対決法案は改正警察法案でした。これは、戦後改革によって、自治体警察と国家地方警察の二本立てになっていた警察を、都道府県警察に一元化し警察権の中央集権化を目指したものでした。左右に分裂していた両社会党は強硬に反対しました。

　ついでながら、「左派社会党」「右派社会党」という呼称は俗称ないし他称です。国会内では両派ともに「日本社会党」を名乗っていました。1954年5月15日に改正警察法案などが衆議院本会議で採決される際に、反対討論を行った左社の阿部五郎は「日本社会党の反対意見を開陳したい」と述べ、右社の大矢省三も「日本社会党を代表いたしまして〔略〕反対の討論を行わんとする」と弁じはじめています。それぞれ

が、正当な日本社会党は自分たちであるとの意識をもっていたのです。

　改正警察法案は衆議院本会議で可決されたのち、参議院の地方行政委員会に付託されます。しかし遅々として議決に至りません。6月3日の強引な会期延長を有効と認めない両派社会党、日本自由党、労農党、共産党（後二者は院内では諸派、無所属と合わせて「小会派クラブ」）は、その後の審議に出席しませんでした。それら野党不在の中で6月5日にさらに10日の会期延長が議決されました。そして、6月7日にまだ地方行政委員会で審査中であった改正警察法案について同委員会委員長に中間報告させ、その後参議院本会議での採決にもちこんだのです。こうして、同日にこの法案が可決・成立しました。

　2017年6月には安倍晋三政権が共謀罪法案を通すために同じ手法を用いています。

会期延長回数制限へ自社両党首が合意

　第25回臨時国会（当初会期：1956.11.12 ～ 1956.12.6）では、政府与党は参議院でのスト規制法存続議決案の成立をはかるため、12月6日午後に抜き打ち的に会期を7日間延長しました。具体的には、同日16時7分に益谷秀次衆議院議長が振鈴とともに本会議場に入ります。前もって与党議員は着席していました。議長はただちに、7日間の会期延長を議決してしまったのです。同年の1月31日から開会10分前に予鈴を鳴らすことが衆議院本会議では慣例化されていましたが、それなしに振鈴を鳴らして本会議が開かれたのです。速記者

引用資料 5-2　抜き打ち的な会期延長の議決を示す本会議会議録

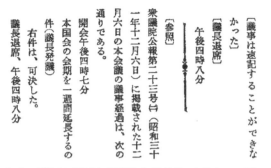

出典：「第 25 回国会衆議院会議録第 13 号」141 頁。

も間に合わず、この本会議の会議録は次のようになっています（引用資料 5-2)。

　ただ、それまでにも予鈴なしの本会議開会もあったため、規則違反とまではみなされませんでした。しかも、前述の第 19 回国会で議長が議長席に着かずに会期延長を宣して有効とされた悪しき「前例」もあったのです。

　事態収拾のため、12 月 12 日に鳩山一郎首相・自民党総裁と鈴木茂三郎社会党委員長との党首会談が開かれました。この第 25 回国会召集時では衆議院で自民党 297 議席・社会党 153 議席（定数 467）、参議院で自民党 124 議席・社会党 81 議席（定数 250)と他を圧する議席数を両党でもっていました。二大政党制的状況にあったのです。それが与野党対立を激化させ国会運営を混乱させていました。会期延長という手続き上の問題で乱闘を起こしたり、抜き打ち的な奇策が用いられたりと、国会の権威を低下させる事態を露呈していました。

両党首は次のとおり申し合わせました。「自民、社会両党は二大政党下の国会運営につき過去を反省し国会運営の能率的正常化を図るため次期国会において次のような諸点につき国会法の改正、その他所要の措置を講じることとし、両党において速かにその具体的成案を作る」(1956年12月12日付『朝日新聞』夕刊)。そして、この「諸点」の一つが「会期延長案の取扱いについての措置」でした。

　続く第26回通常国会（会期：1956.12.20～1957.5.19）を前に、衆議院事務局が12月19日に衆議院議院運営委員会に国会法などの改正試案を提出しました。会期延長の制限をめぐっては、国会法第12条に次の規定を加える案が考えられていました。「会期の延長は常会、特別会および衆院議員の任期満了による総選挙ののち、最初に召集される臨時会にあっては二回、通じて◯日、その他の臨時会にあっては一回をこえてはならない」(1956年12月20日付『朝日新聞』)。延長の回数のみならず日数も制限する方針だったことがわかります。しかし、この国会では自社両党が事前に話し合って比較的順調な国会運営が行われたため、国会法改正はなされず先送りされました。

　その後、同じ自民党の中でも衆参で改正案をめぐり対立が生じるなど曲折がありました。ようやく衆参両院各派の意見が一致して、1958年4月9日に衆法として「国会法等の一部を改正する法律案」が提出されました。この最終決定案では会期延長に日数制限は付けないことに修正されました。同法案は同日に衆議院本会議を「異議なし採決」で通過したのち、4月16日に参議院本会議で起立採決による全会一致を

もって可決され、成立しました。

　政府与党が重要法案を処理できず突発的な会期延長を企て、これに反対する野党が審議未了を目指して実力行使に走る。こうした不毛な対立の芽は摘み取られたのでした。

衆議院厚生委員会での質疑

　ずいぶん横道にそれてしまいました。

　1951年5月27日日曜日の衆議院厚生委員会の出席委員は、松永佛骨委員長（自由）以下13人でした。うち元医療従事者は医師出身の丸山直友（自由）一人だけです。この日の委員会での覚せい剤取締法案をめぐる質疑者は丸山のみでした。

　まず丸山は、法制化はかえってヤミでの製造や販売を誘発するのではないかと質します。慶松薬務局長は、法案によればいずれも指定の製造業者から販売業者を介さずに施用機関に直接供給することになっている。従って、「直接使うお医者さん以外の者はこれを持たない」ようになるから、「覚醒剤の取締りは万全を期し得られる」と胸を張ったのでした。

　すると丸山はそうしたやり方では「隘路」が生じて、「正当な目的で使う者」への供給が滞ることはないかと問いを重ねました。慶松は医療上の必要量はきわめて少ないこと、加えて、全国に支店などをもつ製造業者を指定することから「万全を期し得るかと存じておる」と応じます。

　当日の質疑で最も議論となったのは、第24条第1項〜第3項にある「覚せい剤製造業者、覚せい剤施用機関又は覚せい剤研究者の指定が効力を失つたとき」その所有する覚せい

剤の処分の仕方を定めた規定でした。法案に掲げられた三者に損害を与えない処分の方法をめぐって、丸山対前出の中原・今枝常男の両参議院法制局参事のやりとりは終わりそうにありませんでした。ほかに2件の議題があったため、松永委員長は「他に質疑通告者もございまするし、相当疑義の点もあるようでございますから、これを次回に譲ることといたします」と打ち切りました。

委員会の散会を宣するにあたって、松永委員長は「次会は明日午後一時より開会する」としました。実際には、この日の夜に衆参それぞれの本会議で5日間の会期延長が決定されたため、「次会」は延長後の会期末日の6月2日となりました。

6月2日の出席委員は松永委員長以下16人でした。うち元医療従事者の委員としては丸山のほか、いずれも元医師の福田昌子（社会）、大石武一（自由）、岡良一（社会）の合計4人がいました。とはいえ、彼らのうち質疑に立ったのは丸山だけです。

「初代」環境庁長官・大石武一が守った尾瀬の自然

ちなみに、大石武一はのちに実質的に初代の環境庁（現・環境省）長官となります。環境庁は1971年7月1日に発足します。当時は第3次佐藤栄作内閣でした。佐藤首相はまずその内閣で総理府総務長官（国務大臣）だった山中貞則に環境庁長官を兼務させます。直後の7月5日に内閣改造を行い、山中の兼務を解き大石を環境庁長官に据えたのでした。大石自身「当時の佐藤首相に、大臣に就くのならぜひ環境庁長官をと希望しておいた」と述べています。大臣在任期間は1年

でしたが、水俣病患者の救済と尾瀬に計画されていた道路建設の中止という実績を残しました。とりわけ後者について、大石によれば「行政の立場からいけば、一度許可した建設を後からとりやめるわけで、筋道が通らないことになるけれど、私は、あくまで人間尊重、ヒューマニズムの立場からあえて中止とした」とのことです（大石・木原 1983：4）。

　大石は環境庁長官就任後1か月も経たない1971年7月23日に、尾瀬にある長蔵小屋の経営者・平野長靖から、尾瀬の危機を直接知らされます。大石は7月27日に記者会見して、日光国立公園の尾瀬地区に自動車道を通さないよう計画を変更する旨を言明します（ルートについては引用資料5-3）。

引用資料5-3　尾瀬沼に計画された自動車道のルート

出典：1972年7月24日付『朝日新聞』。

　環境庁長官は、自然公園法に基づき国立公園内の特別地域での現状変更に対する許可権を行使できたのです。大石はその後さっそく、7月30日に「自然保護のためには蛮勇をふるいたい」と言って、尾瀬ヶ原西方にそびえる至仏山に登り

ました。翌日尾瀬湿原と尾瀬沼を視察します。下山した大石は8月1日に「ここの自然は、何としても守りたい」と決意を語りました。

　しかし、8月3日の閣議では大臣たちから冷ややかな視線を浴びます。たとえば、西村栄一建設大臣は「尾瀬沼の自動車道路はすでに昨年関係各省と群馬、新潟、福島の三県の間で合意したものだ。当時、国立公園の自然保護を担当していた厚生省の意見もいれ、わざわざ国立公園の特別保護地区の中を通らないようにした、いまさら変更しろといわれても困る」と不快感をあらわにしたのでした。

　ところが、木村守江福島県知事が8月9日に「尾瀬の環境をこわさないように尾瀬沼をう回すべきだ」などと発言したことから、風向きが変わります。前章第3節で元医師議員として紹介した木村は、1967年から福島県知事に転じていました。大石は8月18日に群馬、新潟、福島の3知事および3県幹部と協議し説得にかかります。新潟と福島の両知事は路線の迂回に理解を示しました。ただ、計画の中止で県道が岩清水までで袋小路になってしまう群馬県は強く反発しました。「いったん国が決めた計画に従い、県費を投入、国から補助を受けて進めてきたものをいまさら…」と。その後、環境庁が委曲を尽くした結果、群馬県も折れたのでした。大石は8月27日の閣議でこの間の経緯を報告し、「近く自然公園審議会に諮問、正式に路線変更を決定する」と述べて、閣議で了承されました。大石は閣議後の記者会見で、「これで尾瀬の道路問題は事実上解決したと考える」と語ったのです。

　環境庁長官に就任して2か月弱で既定の計画を撤回させた

大石の行動力は高く評価されるべきでしょう。また、12省庁から500人の職員の寄せ集めで発足したばかりの環境庁も、存在理由を示そうと懸命の努力をしたのでしょう。11月19日に開かれた自然公園審議会は、尾瀬の自動車道路計画の廃止を決めました。

　大石に道路建設中止を直訴した平野は、同年11月1日に横浜で催される尾瀬の会に参加しようと下山する途中に、遭難して凍死します。12日3日付「天声人語」は平野の死を悼むとともに、「大石長官の決断で、一度は国が認めた道路計画が変更された。今までの道路行政や観光開発の常識からいえば、革命的なことだった」と大石の手腕を讃えました。

議員立法によるばくち法案

　ですが、大石には議員立法の悪法の典型例である「ハイアライ法案」（回力球競技法案）の提案者となった「過去」があります。ハイアライとは17世紀にバスク地方で始まったスペインの球技です。回力球と訳されます。ハイアライ法案はこの球技でギャンブルを行おうとした法案です。

　1953年2月4日の衆議院厚生委員会で、大石（当時は衆議院議員）は提案者としてこの法案の趣旨説明をしています。それによれば、まだ相当数にのぼる戦傷病者、未亡人、孤児、老廃疾者の福祉増進には民間社会福祉事業の振興が欠かせない。しかしそれら事業は財源不足で十分な成果を上げていない。日本赤十字社による共同募金も事業資金を満足に調達できていない。「本法案は、以上の事情にかんがみまして〔略〕回力球競技を施行し、その売上金の一部を民間社会福祉事業

の経営者並びに日本赤十字社に交付して、それぞれ事業の振興を助長し、国民生活の安定をはかろうとするものであります」。されど、実態は「ばくち法案」にほかならず、世論の猛反発を浴びて審議は進みませんでした。

世論が激しく非難した背景には、それまで議員立法としてばくち法案が次々に成立していったことがありました。それにまつわる利権がらみの疑惑やギャンブル横行による治安の悪化が世情を騒がせていたのです（図表5-2）。

図表5-2　議員立法によるばくち法案

ばくち種別	根拠法	公布年月日	備考
競輪	自転車競技法	1948.8.1	
オートレース	小型自動車競走法	1950.5.2	
競艇	モーターボート競走法	1951.6.18	1951.6.2参院本会議で否決されたが、6.5衆院本会議で出席議員の3分の2以上の賛成で再可決・成立。
ドッグレース	畜犬競技法案	廃案	1951.5.21衆院本会議で可決されたが、参議院で審議未了。
ハイアライ	回力球競技法案	廃案	1953.3.14「バカヤロー解散」

国会会議録検索システムにより筆者作成。
＊競馬の根拠法である競馬法（1948.7.13公布）は閣法である。

ハイアライ法案は1953年3月14日のいわゆる「バカヤロー解散」のあおりで、審議未了・廃案となってしまいます。翌年5月22日に「結核及びらい患者福祉事業振興会法案」という衆法が衆議院厚生委員会に付託されました。もっともらしい名称が付けられていますが、なんのことはない、ハイアライ法案の「表紙」を変えただけのものでした。これまた世論の強い批判を招いて、同委員会で一度も審議されることな

く廃案となりました。

競輪と覚せい剤が社会の2大害悪だった

　こうして戦後直後に制定された根拠法によって、競馬、競輪、競艇、オートレースという四つの公営競技が開催され、今日に至っています。当初、最も人気を博したのが競輪でした。1950年3月13日付『読売新聞』は「競輪場は気違い人気」との見出しを打ちました。下記の引用資料5-4で明らかなように、1950年度の競輪の入場者数は1500万人を突破し、ほかの公営競技の入場者数を圧していたのです。そして、1974年度には4600万人を動員しピークを迎えます。いまの閑散としていて、高齢者の社交場の観さえ漂う競輪場からは想像が付きません。

引用資料5-4　公営競技の年度別入場者数の推移

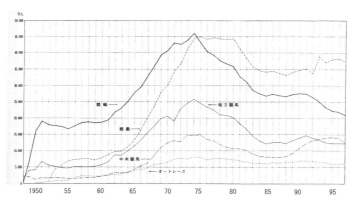

出典：日本自転車振興会（1999：資料編13）。
年度表記は西暦に改めた。

一方で、競輪場内での暴動、放火、さらには選手の八百長など不祥事が次々に発生して、競輪廃止論が唱えられるようになります。『毎日新聞』は1950年8月15日付社説で、競輪の廃止を主張しました。加えて、9月9日に兵庫県の鳴尾競輪場（のちの甲子園競輪場、2002年に閉鎖）で発生した騒擾事件をきっかけに、『朝日新聞』と『読売新聞』はそれぞれ9月14日付社説で廃止論を掲げました。鳴尾事件とよばれる「競輪界を揺るがす大事件」(日本自転車振興会1999:71)は、観客が暴徒化し車券売り場とスタンドに火が放たれたばかりか、死者1名と重軽傷者数十名を出すものでした。国家地方警察兵庫県本部は約250名を騒乱罪容疑で逮捕しました。

　吉田茂首相は競輪の全廃を増田甲子七建設大臣らに指示し、この意向が9月15日の閣議で報告されました（吉田自身は箱根で静養中）。競輪を所管する通産省の横尾龍大臣らが翌16日に箱根の吉田と面会して競輪存続を懇請しました。吉田は意外にも「一切は通産大臣に一任しよう」と翻意します。この理由はわかっていません。その後、競輪の開催は全国一斉で2か月間自粛されました。この間に存続の可否が検討された結果、運営方法の様々な改善を図ることで11月15日に再開にこぎつけます。

　1950年当時、競輪と覚せい剤は社会の2大害悪だったのです。「戦後のまだ暗い世相が続くなかで、これといった娯楽もない時代である。スリルと興奮を与えてくれる競輪は、大衆の心をとらえて放さなかった」(日本自転車振興会1999：47)。これは覚せい剤にも当てはまります。大日本製薬がヒロポンの「適度」な使用を推奨しているのは前述のとおりで

す。とはいえ、覚せい剤同様に競輪も「適度」に楽しむことは困難でした。そういえば、東京・調布市にある京王閣競輪場の次のポスターを偶然みつけました（写真 5-1）。

写真 5-1　京王閣競輪場のポスター

2018 年 3 月 5 日京王線新宿駅にて筆者撮影。

　奇しくも、覚せい剤取締法が成立する第 10 回国会に「自転車競技法を廃止する法律案」が衆法として発議されます。提出者は河田賢治ほか 25 名の共産党議員でした。1951 年 1 月 22 日に衆議院通商産業委員会に付託されます。同委員会で 5 月 26 日に提案理由の説明と質疑が行われ反対多数で否決されます。6 月 2 日に衆議院本会議でも否決されました。その直前の第 9 回国会では、1950 年 11 月 26 日の衆議院本会議で河野金昇議員（国民民主）が、「競輪問題が教育上、道徳上、治安上よろしくないということは、教育委員会、全国公安委員会、星島二郎君を会長とするスポーツ振興会議、関西婦人連盟等が即時廃止を決議し、新聞の世論調査、街頭録音等によつても、その廃止の声が圧倒的であります」と述べています。

　これらの「予想外の国会での競輪反対の動きに対し、競輪関係者は、再び事故発生への懸念を強いられた」（日本自転車振興会 1999：89）といいます。

覚せい剤取締法の成立

またまた大幅脱線してしまいました。衆議院厚生委員会における覚せい剤取締り法案の審議に話を戻します。

1951年6月2日の同委員会で丸山は再び質疑に立ちます。前回5月27日の厚生委員会で示された参議院法制局の見解を要約して、手許に残った覚せい剤を「不正所持と同様にこれを没収する〔略〕そういう立法の趣旨である」とのことだった。しかしこれは正当な行為として所有した者に対する財産権の侵害であり、「憲法に違反する立法精神だ」とまで丸山は批判を強めました。ついには、参議院法制局参事ではなく、提案者である参議院議員の中山に答弁を求めたのです。中山は、保有者に損失を与える場合はこれを補償する予算措置を講じられるよう「今後十二分に努力をいたしたいと存じておりますから、この点において御了承願いたいと存じます」と平身低頭しました。すでに指摘したとおり、大蔵省に予算措置を応諾させるのは容易ではありません。ただ、日本医師会の元会長の答弁を引き出したことで、丸山は顔が立ったと考えたのか、これで「安心いたした」として質疑を終えました。

参議院厚生委員会では反対する会派はなかったので、採決前に賛否の意見を表明する討論は省略されました。これに対して、衆議院厚生委員会では共産党が反対したため、6月2日の委員会では質疑のあと討論が行われました。同党の今野武雄委員はアメリカでは禁酒法制定でかえって犯罪が起きた、最近の警察は取締りの行き過ぎが目に余るとして「どうも私

どもはこの法案に賛成しがたい」と述べました。この「行き過ぎ」の具体的事例として、今野は麻薬取締官と警察が麻薬取締りを理由として、冬の夜に女子寮に踏み込んで、「女の人たちをシミーズ一枚でもつて三時間ないし四時間もそこへ立たせておいて、あらゆる部屋を調べた」ところ、実際に出てきたものは「古いものがごくわずか」だったことを挙げています。

　その後採決が行われ、起立多数で原案どおり可決されました。時刻は12時32分でした。衆議院本会議が同日13時から開かれます。覚せい剤取締法案は起立多数で可決・成立しました。反対した共産党にはこのとき25人の衆議院議員がいました。参議院議員は4人です。上記のとおり、参議院厚生委員会と参議院本会議の採決は全会一致でした。参議院厚生委員会には共産党の委員はいませんでした。では、参議院本会議で4人の共産党議員はどのような投票行動を取ったのでしょうか。この日の本会議を何らかの理由で欠席したか途中退席して、採決時には議場にいなかったため全会一致となったとみるのが妥当のようです（2017年9月10日付の日本共産党「関係部局」から筆者あての回答メールによる）。

レッドパージによる共産党議員の追放

　当時の共産党が置かれていた特殊事情にも言及しておくべきでしょう。1950年6月の朝鮮戦争勃発直前に、日本を統治していたGHQは、それ以前からの共産党に対する敵視政策を強化しました。たとえば、共産党員の公職追放や機関紙『アカハタ』（現・『しんぶん赤旗』）の発行禁止などです。1949年

図表 5-3 共産党衆議院議員の退職経緯

日付	共産党衆議院議員の動き	共産党衆議院議員数
1949.1.23	第 24 回総選挙で共産党から 35 人が当選	35
1949.6.15	無所属の山口武秀議員が共産党に所属	36
1950.6.27	徳田球一、野坂参三、志賀義雄など合計 6 人の議員が退職（昭和 22 年勅令第 1 号に基づき覚書該当者と指定）	30
1950.6.28	聽濤克巳議員が退職（同）	29
1950.7.19	谷口善太郎議員が退職（同）	28
1950.9.20	土橋一吉議員が退職（団体等規正令第 11 条により公職より除去せられるものと指定）	27
1950.11.21	田中堯平議員が共産党から無所属に転じる	26
1951.3.29	川上貫一議員が除名処分により議員辞職	25

衆議院・参議院編（1990 d ）を参照に筆者作成。

の総選挙で共産党からは 35 人が当選しました。ところが、覚せい剤取締法案の衆議院本会議採決時には 25 人になっています。なぜ 10 人も減ったのか。その過程は図表 5-3 のとおりです。表中にある「昭和 22 年勅令第 1 号」とは、「公職に関する就職禁止、退官、退職等に関する勅令」のことです。その前年の 1946 年 1 月 4 日に GHQ は日本政府にあてて連合国最高司令官覚書を発して、軍国主義指導者の公職からの追放を指示しました。政府は同年 2 月 28 日に、この覚書を実施するため「就職禁止、退官、退職等ニ関スル件」をいわゆるポツダム勅令として公布します。それを全部改正し追放範囲の拡大を図ったのが、1947 年 1 月 4 日に公布された「公職に関する就職禁止、退官、退職等に関する勅令」です。その第 1 条と第 2 条を掲げます。

第 1 条　昭和二十一年一月四日附連合国最高司令官覚書公務従事に適しない者の公職からの除去に関する件〔略〕に基く公職に関する就職禁止、退職等については、この勅令の定めるところによる。
第 2 条　この勅令において公職とは、国会の議員、官庁の職員、地方公共団体の職員及び議会の議員並びに特定の会社、協会、報道機関その他の団体の特定の職員の職等をいい、これを主要公職と普通公職とに分ける。
2　主要公職及び普通公職は、内閣総理大臣がこれを指定する。

　当初は軍国主義指導者の追放のためであった公職追放令が1950年になるとレッドパージのために用いられたのです。**図表 5-3** に示したように、共産党議員は退職を余儀なくされます。

　小川友三参議院議員が1950年4月に除名処分を受け失職したことはすでに述べました。これは小川の議員としての資質の問題でした。参議院議員では小川が唯一の例です。一方、衆議院議員の除名・失職も 1 例あります。共産党の川上貫一が1951 年 3 月に除名処分を受け失職しました。しかし、その理由は小川とは全く異なります。同年 1 月 27 日の衆議院本会議における代表質問で、川上が吉田茂首相に対して全面講和と再軍備反対を唱えたためというきわめて政治的な理由でした。日本国憲法で言論の自由が謳われていながら、占領下でのGHQ の政策は超憲法的効力をもっていました。

覚せい剤取締法の施行

　覚せい剤取締法は1951年6月30日に公布され、同年7月30日に施行されました。経過措置として、同日に覚せい剤を所有している者は15日以内、すなわち8月13日までにその品名と数量を居住する都道府県の知事を経由して厚生大臣に届け出ることとされました。その場合は、法律施行日から30日間、つまり8月28日までは覚せい剤の所持を許されたのでした。所持者はこの期間に指定の覚せい剤製造業者、覚せい剤施用機関または覚せい剤研究者に譲渡するものとされました。上述の丸山の執拗な追及はこの点を衝いたものでした。そして、8月29日以降は指定を受けた者を除いて、所持は全面的に禁止されます（信沢1951a：26）。

第2節　覚せい剤取締法の議員立法としての特徴

「まっとうな」議員立法

　繰り返し確認すれば、覚せい剤取締法は参議院議員発議の議員立法として成立しました。議員立法に対しては「国民をオリジンとして民意を反映」（前田1999：52）することが期待されています。その意味で、提案者の一人である中山は参議院と衆議院それぞれの厚生委員会で「世論に答えようと」（参議院厚生委・1951年5月23日）「世論にこたえるべく」（衆議院厚生委・5月26日）と提案理由を説明しています。厚生省薬務局薬事課の信沢清は「世論を背景として当然生れるべくして生れ出た」と評価しています（信沢1951b：26）。

しかも、上掲図表4-3に示したとおり、参議院厚生委員会では6日間（法案としては2日間）、衆議院厚生委員会では2日間の実質的な審議を行っています。審議日1～2日で成立した安易な「お手盛り法案」ではありません。第1回国会から覚せい剤取締法が成立する第10回国会までの参法の衆参両院における審議日数の合計は、**図表5-4**のとおりです。

　第10回で参法が急増しています。衆法もこの国会では70件発議され59件が成立しています。議員立法が他の国会回次と比べて大幅に数を伸ばしているのです。これは議員たちが立法活動に熱心になったことを必ずしも意味していません。別の事情もありました。

　アメリカ政府の招請を受けて、1950年1月14日に「米国の議会制度調査視察団」が渡米します。メンバーは衆議院副議長の岩元信行を団長に衆参各会派の議員、衆参の議院運営委員会委員長経験者および同委員会の理事でした。さらに衆参それぞれの事務総長が随行しました。連邦議会を視察して3月14日に帰国します。その後、この視察団は4月24日付で両院議長あてに「国会に於ける実現希望事項」なる文書を提出します。そこには、「立法府たる国会が自ら立法を任ずること」が謳われ、政府立法であっても手続き的には議員が提出するよう改めることが求められていました。これを受けて、「政府依頼立法」とよばれる立法手続きが取られたのでした。

　すなわち、純然たる政府立法を内閣が与党に依頼して、形式だけは議員立法とする手法です。第10回国会での議員立法のうち衆法59件中17件が、参法22件中14件が政府依頼立法でした。

第5章 覚せい剤取締法の成立

図表5-4 第1回国会から第10回国会までの参法の衆参両院における審議日数

国会回次（種別）：会期	参法発議件数	成立件数	審議日数		
			1〜2*	2〜7**	7〜***
1（特別会）：1947.5.20-1947.12.9	2	0			
2（常会）：1947.12.10〜1948.7.5	10	3	0	2	1
3（臨時会）：1948.10.11〜1948.11.30	3	1	1	0	0
4（常会）：1948.12.1〜1948.12.23	9	6	2	4 (4)	0
5（特別会）：1949.2.11〜1949.5.31	11	7	0	7 (3)	0
6（臨時会）：1949.10.25〜1949.12.3	4	2	0	2 (2)	0
7（常会）：1949.12.4〜1950.5.2	11	8	0	7 (2)	1
8（臨時会）：1950.7.12〜1950.7.31	2	0			
9（臨時会）：1950.11.21〜1950.7.31	2	2	1 (1)	1	0
10（常会）：1950.12.10〜1951.6.5	27	22	1	16 (1)	5

中村（1993）、衆議院・参議院編（1990e）および国会会議録検索システムを参照に筆者作成。

* 審議日数で「1〜2」は衆参ともに委員会の審査を省略し本会議で議決された法案で、同じ日に衆参の本会議で議決されれば「1」に、別日ならば「2」となる。

** 審議日数で「2〜7」の「2」は衆参でそれぞれ付託委員会と本会議で議決された法案のうち、衆参それぞれの委員会議決と本会議議決が同日であった場合である。

*** 審議日数で「2〜7」の「7」は衆参いずれかで委員会の審査が省略され本会議で議決された法案なのに対して、「7〜」は委員会の審査省略がなかった法案をさす。

数字のあとの（　）は参院の委員会での審査が省略されただち
　　に本会議に上程された法案数で内数。

　政府依頼立法で議員立法の件数を「水増し」しても、「立法府の復権」の観点からは「なんの意味もない」と、長く参議院法制局に勤務した石村健は切って捨てています（石村 1997：32）。もちろん、覚せい剤取締法は政府依頼立法ではありません。いわば「まっとうな」議員立法なのです。参議院法制局のＨＰの「法制執務コラム集」にある「50年間の参議院議員立法」には、それは「国会草創期の〔略〕代表的な参議院議員立法」の一つとして紹介されています。

異例の政策分野を扱った議員立法

　一方で、覚せい剤取締法は対象とした政策分野からみると異例の議員立法でした。石村は、議員立法を「一応」と断りながら事項別分野により次の５つに分類しています。①国会関係のいわゆる立法法、②国土開発・地域振興のための法律、③業務資格・営業に関する法律、④教育・文化振興に関する法律、⑤災害対策に関する法律（石村 1997：195）。

　覚せい剤取締法はそのいずれにも該当しません。覚せい剤取締法、大麻取締法、麻薬取締法（1990年より麻薬及び向精神薬取締法）、並びにあへん法を薬物４法といいます。覚せい剤取締法を除く３法はすべて政府立法です。覚せい剤だけは議員立法によって取締りが図られました。それだけ当時の社会的要請の強さと対策を講じることの緊急性を物語っています。前章第３節で引いた竹下元首相の「政府提案は手間がかかるんですよ」との発言が想起されます。そこで、厚生省と

参議院法制局の協力と補佐を得て、与野党を問わず医系議員たちが立法化に尽力して、一国会でこの法律を成立させたのです。

　国会法第131条第1項は「議員の法制に関する立案に資するため、各議院に法制局を置く。」と謳っています。石村は日本の議員立法の起草過程の特徴の一つとして「議院法制局職員がすべての議員立法を起草すること」(石村1997:57) と挙げています。議院法制局とは法律上にのみ記述される組織で、実際には衆議院法制局と参議院法制局として存在します。覚せい剤取締法案をめぐる質疑に、参議院法制局参事の中原や今枝が答弁しているのは、彼らをはじめ同局職員が起草に携わったためです。

第6章
二度改正された覚せい剤取締法

第1節　覚せい剤密造の広がり

在日朝鮮人による覚せい剤密造・密売

　覚せい剤取締法の施行により覚せい剤問題の収束が期待されました。しかし、同法違反による検挙人員は激増します。慶松薬務局長の先の「万全」発言とは裏腹に、懸念されていた覚せい剤の密造・密売が横行したのです。1954年にはそれは5万5664人に達して戦後最大となります（図表6-1）。

図表6-1　覚せい剤事犯検挙人員

年数	検挙人員	指数
1951	17,528	31.5
1952	18,521	33.3
1953	38,514	69.2
1954	55,664	100
1955	32,143	57.7
1956	5,233	9.4
1957	803	1.4
1958	271	0.5

注1　覚せい剤問題対策推進中央本部覚せい剤禍報告書による。
　2　指数は、1954年を100とする。
出所：『昭和35年版犯罪白書』（年数表記は西暦に改めた）（http://hakusyo1.moj.go.jp/jp/1/nfm/n_1_2_1_2_3_2.html）

　「ヒロポンは〔略〕エフェドリンから、簡単に還元製造ができるので、容易に密造ができる。生業に就く機会を失った朝鮮人の部落で、多く密造され、パチンコ屋、ダンスホールなどで密売されている」。（那須 1954：141-142）

　製造が容易であるばかりか、後述のとおり法律が規定する罰則も軽いものでした。そして、ここにあるとおり、覚せい

剤を在日朝鮮人が密造していた点は注目すべきです。1953年10月30日の参議院厚生委員会で、養老絢雄警視庁防犯部長は「朝鮮人によつて密造されたものが七一％を占めております」と答弁しています。覚せい剤取締法が制定され覚せい剤が原則非合法化されたことによって、在日朝鮮人は覚せい剤の密造に生計の資を見出したのです。「ヒロポン王」とよばれる在日朝鮮人もいました。この人物は都内数か所に密造所を設けて合わせて200万本のヒロポンのアンプルを密造して、都内や大阪方面の「ヒロポン問屋」に卸していました。1952年3月30日までに彼とその一味が捕まったと本人の顔写真付きで大きく報じられています（1952年3月31日付『読売新聞』）。

1950年代前半の新聞には、覚せい剤取締法違反で在日朝鮮人が逮捕されたことを伝える記事が多く出ています。とりわけ、『読売新聞』は熱心に報じています。覚せい剤取締法施行から1955年末までで、朝鮮人が同法違反容疑で逮捕された記事本数は年ごとに図表6-2のとおりです。そのうち印象的な写真を引用資料6-1として掲げておきます。

図表6-2　在日朝鮮人による覚せい剤取締法違反を報じた『読売新聞』の記事本数

年	記事本数	特徴的な記事
1951	3	11月22日付「朝鮮人の共産党員3名を密造現行犯で検挙」
1952	2	3月31日付朝鮮人の「〝ヒロポン王〟捕る」
1953	12	7月7日付夕刊「朝鮮人が約20人の工員を使いヒロポン約100万本を製造」
1954	19	11月1日付「朝鮮人を中心とする一味が戦後最大の6000万本を密造」（写真は次頁のとおり）
1955	10	5月27日付朝鮮人の「ヒロポン密売団の主犯捕る」

1951年から1955年発行の『読売新聞』に基づき筆者作成。

引用資料6-1　在日朝鮮人の地下密造工場から押収された密造器具など

出典：1954年11月1日付『読売新聞』。

密造ヒロポンの流通は引用資料6-2のようになっていました。

引用資料6-2　「ヒロポンルート」

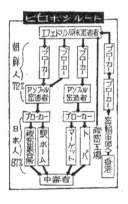

出典：1954年11月13日付『読売新聞』。

　図表6-2に集計した逮捕記事に出てくる朝鮮人の名前の前には、「無職」とよく冠せられています。当時の朝鮮人学校連合会PTA理事長はその事情をこう説明しています。「朝鮮人としては、なにもすき好んで悪いことをやっているわけではないが、いまやあらゆる職場から朝鮮人は締め出され、

残された道はパチンコ屋ぐらいのもの。そのパチンコ屋も千人に一人」（1954 年 7 月 26 日付『朝日新聞』夕刊）。この生活苦が、1959 年から開始される北朝鮮帰国事業に彼らが希望を見出す大きな動機となっていきます。

> 「ひとつには異国生活に明日への希望がなかったからであった。〔略〕彼らの生活は貧しい。朝鮮人の生活といえば、おおむね相場がきまっていた。屑屋、仕切り屋、ニコヨン、土方という職業が圧倒的でなかにはパチンコ店、飲食店、ビニール加工の零細企業などまずますの成功組がいるにはいるが、おしなべてみると不安定な生活をしているといえた」。（李 1975：135）

仕切り屋とは集めた廃品を選り分けて売る業者、ニコヨンとは当時日給が 240 円だった失業対策事業で糊口をしのいでいた日雇い労働者のことです。

「思い切って朝鮮へ行ってみたら」

吉永小百合を一躍スター女優に押し上げた映画『キューポラのある街』（1962）の裏テーマが、北朝鮮帰国事業であることはよく知られています。吉永小百合扮する主人公ジュンの親友ヨシエ（鈴木光子）の父は在日朝鮮人で、母・美代（菅井きん）は日本人です。ヨシエの父は美代を残してヨシエと弟のサンキチ（森坂秀樹）とともに北朝鮮へ帰る決意をします。映画の終盤に埼玉・川口駅でジュンがヨシエたちを見送るシーンがあります（DVD 開巻後 1 時間 14 分 35 秒〜 1 時間

21分23秒)。駅前に帰国者が集まり「朝鮮民主主義人民共和国帰国者集団」と書かれた旗が打ち振られます。

　3年後に続編である『未成年　続・キューポラのある街』(1965) が製作されます。本作は北朝鮮に渡ったヨシエがジュンに語りかけるシーンからはじまります。「ジュン　あなたと別れてからもう3年。あたしは祖国朝鮮に帰って希望どおり働きながら勉強してます」(VHS 開巻後54秒以降)。流れる映像は北朝鮮の人びとがみなこぼれるような笑顔で、幸せそうに働き暮らす様子です（同1分23秒まで）。

　映画の後半になって、ジュンは崔（寺田誠）という朝鮮高校の男子生徒と知り合いになります。崔はヨシエのいとこです。その崔からジュンは、ヨシエの父が急に倒れて手術を受けた、がんかもしれないと知らされます。そして、ヨシエの母の居場所を尋ねられます (59分30秒以降)。わからないが、できる限り協力するとジュンは請け合います。

　しばらくして、崔がヨシエの母の居場所がわかったとしてジュンの元を訪れます。二人でヨシエの母の居場所に向かいます。着いたそこは連れ込み宿でした。ここでヨシエの母は住み込みの下働きをしていたのです。崔は「手続きはすぐにできます。帰国の船に乗って朝鮮に行って下さい」と言います (1時間14分30秒)。行ったら二度と帰って来られないと渋るヨシエの母に、ジュンは「おばさん、いまここで生活していて幸せ？」と問いかけます。首を横に振るヨシエの母に、ジュンは「だったら、思い切って朝鮮へ行ってみたら」とたたみかけます (1時間16分20秒)。

　その後、崔からジュンの職場に電話が入り、ヨシエの母

の朝鮮行きが伝えられます。場面は再び川口駅前（1時間23分30秒以降）。見送りに行ったジュンは、帰国者の集団の中にヨシエの母が北朝鮮の国旗を手にしているのをみつけました。二人の会話を再現します。

「よく決心してくれたわね」
「こないだジュンちゃんに会ってから寝ずに一晩考えたんだよ。それで行くことに決めたんだよ」
「えらいわ、おばさん」

この後、ヨシエの母は実はまだ決心がぐらついているのだと本音を告白します。ジュンはなにも言えません。出発を促されて、ヨシエの母は駅の改札口に向かいます。少し間をおいて、ジュンは改札口に駆け出します。ついに、「また会えるわよ、また」と別れを告げます（1時間25分41秒）。

1959年から1984年まで3年間の中断をはさんで続いた北朝鮮帰国事業で、9万3千数百人の在日朝鮮人と、ヨシエの母のように日本人配偶者らが彼の地へ向かいました。ヨシエの母は彼の地で塗炭の苦しみをなめたであろうことが、いまとなってはほぼまちがいなく想像されます。

覚せい剤を武器とした共産主義の脅威の喧伝

加えて、この時期の密造者の逮捕を伝える記事には、その者が共産党員、あるいは元共産党員だと報じたものもあります。列挙すると、図表6-3のとおりです。

共産党は1950年に主流派である「所感派」と「国際派」

図表6-3　覚せい剤取締りによる共産党員の検挙を報じる記事

日付	新聞紙名	見出しなど
1951.11.22	読売	「日共党員を検挙　杉並で　覚醒剤密造の三名」
1952.8.25	朝日(夕)	「ヒロポン十万本密造」(記事の末尾に、逮捕者の一人は「日共党員だったこともあるという」)
1953.7.2	読売	「ヒロポン密造六ヵ所を急襲　廿四名検挙」(記事の末尾に、「〔逮捕者の一人は〕北鮮から密航、解放新聞も押収されたので日共の資金網に関係があるとみて取調べている」
1955.6.8	朝日	「共産党員ら十二名　ヒロポン取締りで検挙」

などに分裂します。そして、1951年に開かれた共産党第5回全国協議会（五全協）では、所感派が作成した51年綱領が採択されます。上述のレッドパージの影響もあって、武装闘争路線が党の方針とされたのでした。そのための組織として「山村工作隊」や「中核自衛隊」がつくられました。〈日共が暴力革命の資金を覚せい剤密造によって蓄えている〉とは俗耳に入りやすい説明でした。その上、図表6-3中の1953年7月2日付読売記事に示されているとおり、北朝鮮とのつながりも取り沙汰されていました。

こうして、覚せい剤から青少年を守るという当初の取締り目的に、覚せい剤を武器とした共産主義の脅威から日本を守ることが加えられていきます。図表6-1に示したとおり、覚せい剤取締法の施行後、覚せい剤事犯検挙人員が年々増加していったことも、この「脅威」に説得力を与えました。

1954年11月13日付『読売新聞』は「〔北朝鮮系朝鮮人の密造関与について〕一部には「麻薬謀略による日本のアヘン戦争」とさえ憂慮されている」と書きました。同年12月19日付『読

売新聞』の投書欄「気流」には、次の投書が載りました。「ヒロポンを製造販売している第三国人はただ単なる金もうけにこれを行なっていると考えていたのでは間違いです。彼等は大きな背後関係の下に亡国的思想の一部の日本人を操り、多くの経済的困窮者を利用して、日本という国を亡ほそうとたくらんでいるともいえそうです」。

　第三国人とは、敗戦直後に日本にいた朝鮮半島や台湾出身の人たちを指した俗称です。「第一」は日本を占領した連合国、「第二」は敗戦国である日本のことであり、それまで日本の植民統治下にあった地域出身の彼らは、そのどちらでもない「第三」というわけです。差別的表現なので今では使われませんが、当時は公然と新聞紙上で表記されていました。『毎日新聞』は 1954 年 11 月 10 日付から「ヒロポンをつく」との連載記事を、11 月 24 日付まで断続的に 15 回続けます。11 月 18 日付の第 9 回には「密造と三国人」との見出しがあります。

覚せい剤中毒者を収容する総武病院の開設

　覚せい剤の密造が広がる一方、その中毒者は全国で 100 万人と推定されるほどになります。「国策」として彼らを収容する専門病院を開設しようという気運が高まります。それを目指して財団法人復光会が 1952 年 8 月に発足します。会長には戦前の貴族院議員（伯爵）で阿部信行内閣の農相を、1944 年には貴族院副議長を務めた酒井忠正が就任します。酒井は戦後に公職追放となり、1952 年に追放解除になったばかりでした。相談役は一万田尚登日銀総裁です。翌 1953 年 1 月に

開かれた最初の打ち合わせ会には、渋沢栄一の孫である渋沢敬三貯蓄増強中央委員会会長、愛知揆一大蔵政務次官、高碕達之助電源開発総裁など錚々たる顔ぶれが集まりました。

その席上、総武病院と称する、覚せい剤など中毒性精神病患者を収容する精神病院を千葉・船橋市に1954年4月までに開設する構想が説明されました。建設費用は国庫からの補助2000万円と募金3000万円で賄うと。建設を急いだ理由は、覚せい剤など「流行毒」がもたらす社会的害悪で「年推定千億円以上の国富が浪費されている」からです（1953年1月22日付『読売新聞』）。まさに「国難」だったのです。

実際に総武病院が開院したのは、1953年8月でした。初代院長は前述のとおり、覚せい剤取締法案の国会審議にあたって参考人として発言した竹山恒壽です。引用資料6-3が示唆するとおり、開院後たちまち多くの患者を抱えるようになります。1954年度には患者の半数近くは覚せい剤中毒者でした（図表6-4）。

引用資料6-3　総武病院の鉄格子に隔てられた女子患者隔離室の様子

出典：『文化生活』1954年11月10日号、5頁。

図表6-4　総武病院の年度別・病名別入院患者数(1953～1958年度)

年度	中毒性精神障害者			一般精神障害者	総合計
	覚せい剤中毒	その他	小計		
1953	114	26	140	127	267
1954	355	46	401	329	730
1955	62	56	118	329	447
1956	13	58	71	181	252
1957	2	71	73	211	284
1958	1	123	124	214	338

総武病院（1983：261）の「年度別・病名別入院患者調」に基づき筆者作成。

　竹山は創立に携わった湘南国際病院（のちに改称され湘南病院）から総武病院の初代院長として赴任します。そして、4年間在職して覚せい剤中毒患者の激減を見届けて湘南病院に戻ります。1975年5月に竹山が死去した際、「君が後年中毒性精神障害問題の権威として認められるに至ったことは総武病院における君の実蹟に基づくものである」との追悼文が書かれています（高良 1975：1008）。

　総武病院は「公益財団法人復光会　総武病院」となって現在に至っています。診療科目は精神科と神経科で458床の中規模病院です。往事の面影はもちろん残っていませんが、行ってみました（写真6-1）。船橋駅から総武線沿いを東に歩いて15分ほどでした。

「鏡子ちゃん事件」

　覚せい剤の密造と濫用が一向に減らない原因の一つに、覚

写真 6-1　現在の総武病院

2018 年 3 月 4 日 筆者撮影。

せい剤取締法に規定された罰則が軽かったことが挙げられます。刑罰を定めた第 41 条は、覚せい剤の輸入、所持、製造、譲渡・譲受、使用の禁止を犯した者には「三年以下の懲役又は五万円以下の罰金に処する」としています。これが最高刑です。しかもたいていは執行猶予付きの判決が言い渡されました。次に述べる法改正で中心的な役割を果たす高野一夫参議院議員は、のちにこう述べています。

> 「その三ヵ年の刑があるにかかわらず、ほとんど刑の処罰を受けたものがない。裁判所にいきますというと、大てい何ヵ月、しかもそれが執行猶予である。こういうところに密造も絶えず、それから所持そのほか施用の違反者も絶えなかったという原因があるということが、昨年長い間のわれわれ委員会における調査からわかってきたのであります。〔略〕われわれの方は相当重い三年に

近い量刑を要求するのであるけれども、裁判所の方においてほとんど一ヵ月あるいは六ヵ月、しかもそれも執行猶予というような判決になって、非常に軽くこの違反者を見ている」。(1955年7月28日・参議院社会労働委員会)

　法に規定された罰則が機能していないのは、裁判所の判決が「非常に軽」いせいではないかとの指摘です。司法権の独立への干渉とも受け取られかねず、いまであれば問題視される発言です。
　とまれこの量刑が見直され、社会的にも覚せい剤追放のうねりを巻き起こすきっかけとなったのが「鏡子ちゃん事件」です。
　1954年4月19日にそれは起こりました。東京・文京区の元町小学校2年生の細田鏡子ちゃん(7歳)が学校内のトイレで暴行された上絞殺されました。犯人は20歳の男性で覚せい剤の常用者でした。5月1日に別件逮捕されていた容疑者が5月5日に犯行を自供します。5月8日付『朝日新聞』は「覚せい剤を取締れ」との社説を掲げ、事件の犯人が「恐ろしいヒロポンの常習者であったことは、とくに青少年をめぐる社会問題として見のがしえない」と書きました。そして、林暲都立松沢病院長の次の談話を引用しています。「あれだけ残忍なことをするのは典型的なヒロポン患者の症状だ〔略〕対策としては密造の厳重な取締りを行うこと以外にはない」と。1955年4月15日に東京地裁は被告人に死刑を言い渡し、東京高裁もそれを支持します。結局、1956年10月25日に最高裁が上告を棄却したことで彼の死刑が確定します。1957

年6月22日に宮城刑務所で死刑が執行されました。

死刑囚の「宮城送り」

死刑囚は刑場のある拘置所・拘置支所に収監され執行を待つことになります。刑務所は服役者がいずれ出所することを前提とした行刑施設です。一方、死刑囚にはその可能性がありませんから、彼らは刑務所には収監されません。

> 「したがって拘置所に要求される役務とは、その刑の執行まで死刑囚が逃亡したり自殺しないよう身柄を安全に確保しておくことと、集禁中は心情の安定をはかり、彼らが受刑の際、従容と死につけるように〝死への教育〟を施していくということの二点につきる」。（村野 1990：72）

刑場があるのは札幌拘置支所、仙台拘置支所、東京拘置所、名古屋拘置所、大阪拘置所、広島拘置所、さらに福岡拘置所の7か所です。札幌と仙台はそれぞれ札幌刑務所、宮城刑務所の支所という位置づけになります。この二つの拘置支所には刑場はなく、執行は刑務所で行われます。また、1945年の敗戦で巣鴨にあった東京拘置所がGHQに接収され巣鴨プリズンとなったため、死刑囚は小菅刑務所内の葛飾拘置支所に移されました。そこには刑場がなかったので、死刑囚は執行する際には宮城刑務所に送られました。いわゆる「宮城送り」です。これは上記の死刑囚にも当てはまります。1966年からは死刑囚は巣鴨に復元された東京拘置所に収監され、

小菅刑務所内につくられた刑場で刑を執行されました。1971年に小菅刑務所が新築された栃木・黒羽刑務所に移転して以降は、小菅に移転した東京拘置所に収監され同所の刑場で執行されていきます。

「宮城送り」をリアルに報じた新聞記事をみつけましたので、掲げておきます（引用資料6-4）。

引用資料6-4　死刑囚の「宮城送り」を報じる記事

菊地、死刑執行

【仙台発】さる五月十一日東京小菅拘置所から脱走して騒がれた死刑囚菊地正三（三八）（栃木県塩谷郡市貝村）は二十二日正午少し前仙台市古城宮城刑務所内絞首台で死刑を執行された。菊地は二十一日午後二時四十四分仙台着下り急行"みちのく"で東京拘置所から身柄を護送。執行の朝は刑務所心尽しのごちそうを平らげ数時間後長谷掛岡刑務所長、教誨師豊田同教育部長らに付添われ、二人にともども、絞首台に向かったが少胆の際、「脱走して世間を騒がせ申訳なかった」と何度も謝り、観念してか落ち着いた態度で台上の人となった。過誤はなかった。

出典：1955年11月23日付『読売新聞』。

ヒロポン撲滅の社会運動

　1953年から1954年にかけて、警察は覚せい剤の密造・密売の取締りを強化し、朝鮮人が集住する地域を「急襲」する一斉取締りを幾度か実施しました。1954年10月には警視庁に「ヒロポン検挙対策本部」が特設されます。前掲図表6-1に示した覚せい剤事犯検挙人員がこの両年で激増しているのは、見方を変えれば、警察の取締りの成果でもあるのです。その中毒者に対しては、1954年6月に精神衛生法の一部改正が行われ、強制入院させることが可能になりました。厚生

省はそれに備えてのベッド増設のため、1955年度予算から38億円を確保しました（1954年10月30日付『朝日新聞』）。

　その上、覚せい剤の青少年への汚染拡大を予防する運動が各地で展開されていきます。厚生省は宣伝費5500万円をかけて「ヒロポン撲滅」の国民運動を準備し、東京都は1955年1月に都覚せい剤対策本部を発足させます。すでに「鏡子ちゃん事件」をきっかけに、1954年6月には東京・文京区の婦人団体がヒロポン絶滅運動に乗り出します（1954年6月16日付『毎日新聞』）。

　こうした社会運動の一環として、覚せい剤の恐ろしさを啓発する映画がこの頃製作されます。1954年8月6日付『読売新聞』によりますと、次の5作です。『覚せい剤の恐怖』、『ヒロポンは悪魔だ』、『蝕まれゆく青春』（引用資料6-5）、『悪魔の呼び声』、そして『私は殺される』。このほか『失われた青春』、『ヒロポンの恐怖』と題された映画もつくられました。たとえば都内各所ではこれらを用いて上映会が開かれます（図表6-5）。

　1954年11月16日付『読売新聞』夕刊の「よみうり寸評」

引用資料6-5　映画『蝕まれゆく青春』の一場面

出典：1954年8月6日付『読売新聞』。

第6章　二度改正された覚せい剤取締法

図表6-5　覚せい剤恐怖啓発映画の上映会日程

上映日	主催団体	映画会の名称	上映作品	備考
1954.8.19/8.24/8.25	文京区婦人団体協議会	不明	『覚せい剤の恐怖』	「青少年を守る運動」の一環
1954.9.2～9.13のうちの8日	文京区婦人団体協議会・文京区教育委員会	ヒロポン予防映画会	不明	
1954.9.13～9.30のうちの11日	台東区教育委員会	ヒロポン撲滅の映画と講演の夕	『失われた青春』	
1954.11.13/11.15/11.19	港区教育委員会・区内各警察署	ヒロポン禍防止映画会	『失われた青春』ほか	
1955.3（29日まで；上映日と回数不明）	都覚せい剤対策本部	覚せい剤対策無料映画会	不明	
1955.3.22	港区青少年問題協議会	覚せい剤防止講演と映画の夕	『ヒロポンの恐怖』『悪魔の呼び声』	

　当時の『毎日新聞』『読売新聞』の記事から筆者作成。『朝日新聞』にはこうした映画会に関する記事はみつからなかった。

はヒロポン禍を取りあげています。中毒者をどうするかが話題の中心で、「ドコか適当な島を一ツ選んで島流しにしてそこで農耕でも牧畜でもやらせて、労働によって衣食することを覚えさせる外には妙案もあるまい」と乱暴な議論を展開します。最後は「むかしソ連映画に「人生案内」があったっけ」と結ばれています。

　蛇足ながら、『人生案内』（1931）は私が大学院生のときに2回観に行った思い出の感動作です。ソ連初のトーキー映画で、もちろんソ連のプロパガンダ的要素は否定できません。冒頭にはクレムリンが映し出されます。ですが、それを割り

引いても必見に値します。映画は「それは厳しく困難で英雄的な──栄光に満ちた時代であった」（DVD 開巻後 35 秒）との厳かなナレーションではじまります。時代はロシア革命後の 1923 年のモスクワで、内戦によって多くの孤児が浮浪児となって街中にたむろして悪さを働いていました。当局は彼らを労働共同工場に収容して、労働の喜びを教え込むことで彼らを更正させようとします。浮浪児グループのリーダー格だったムスターファ（イワン・クィルラ）も、この事業で収容されますが最初はやんちゃ癖が抜けませんでした。それでも、やがて労働のもつ達成感に惹かれて改心していきます。しかし、昔の仲間がこれを許さず、ムスターファは刺殺されてしまうのです。

　ラストシーンは、ムスターファも建設作業に携わった鉄道の開通式です。ムスターファの遺体を先頭に乗せた蒸気機関車が、「インターナショナル」が演奏される中、終着駅に入っていき線路上に張られたテープをカットします。ムスターファらの到着を待ちわびていた、彼らを束ねる指導員セルゲーエフ（ニコライ・バターロフ）が脱帽して語りかけます。「どうしたんだムスターファ　機関士になりたがっていたのに……」（1 時間 31 分 56 秒）。涙とともにこの物語は閉じられます。

第 2 節　二度の法改正による罰則強化

高野一夫が中心となって進めた法改正

1954 年 5 月 11 日付『読売新聞』社説は「青少年をヒロポ

ンから守れ」でした。鏡子ちゃん殺害の犯人がヒロポン常用者だったことに触れ、全国にヒロポン常用者が「ネズミ算式に増える」ことを憂慮し、それが青少年犯罪の温床になっていることに警鐘を鳴らしています。加えて、教育現場や家庭に注意を喚起し、国会には覚せい剤取締法の改正による罰則強化を求めました。警視庁管内ではヒロポン密造者の過半が「第三国人」であるので「捜査上の不便がある」ことにも言及しています。

『毎日新聞』はすでに1954年3月15日付社説で「ヒロポンから青少年を守れ」と訴え、そのための対策を3点挙げています。第一に密造密輸の根を断つこと、第二に覚せい剤取締法の改正による罰則強化、そして第三に中毒者の強制入院です。第二の点については、「取締法では違反者に対して三年以下の懲役か五万円以下の罰金刑しかなく、多くの場合罰金刑で済まされている。〔略〕速やかに法の改正を行って厳重な処罰を行ってもらいたい」と主張しています。また、第三の点に関連して「ヒロポン患者をほおっておくことは、危険な狂人を野放しにしておくのと同じだ」とまで書かれています。不吉にも1か月後の「鏡子ちゃん事件」を予言するかのようです。

その事件が起こる前から、激増する覚せい剤中毒者に対処するため国会は動いていました。1954年4月16日に参議院厚生委員会に覚せい剤取締りに関する小委員会が設置されます。委員長には高野一夫（自由党）が就きました。高野は東京帝大薬学部の卒業で、1955年3月から1965年9月まで日本薬剤師会長を務めることになります。1961年には東大薬

学部に博士学位請求論文を提出し、同年に薬学博士を授与されます。

　1954年5月25日の参議院厚生委員会で、高野はこの小委員会で得られた結論の概略を報告します。ただ、前出の山下義信が小委員長を務めた、覚せい剤取締法案策定時の小委員会と同様に、この小委員会も会議記録は残されていません。

　高野の報告に従うと、小委員会の委員は高野、常岡一郎（緑風会）、藤原道子（左社・元看護師）、堂森芳夫（右社・元医師）、有馬英二（改進党・元医師）、谷口弥三郎（改進党・元医師）、湯山勇（左社）の7人でした。そのうち元医療従事者が5人です。彼らが参法として改正案を練り上げたのです。小委員会の開催日は5月6日、11日、13日、15日、24日、および25日の6回でした。

1954年改正法の成立

　さらに高野の概略報告はこう続きます。小委員会は覚せい剤の禁止から議論をはじめた。だが、覚せい剤の誘導体は「幾らでも合成できる」ので「合成品の禁止」は「非常に実際問題として不可能である」などの理由で、禁止ではなく現行の取締法に基づく改正を目指すに至った。その第一は覚せい剤の定義の拡大で、第二は罰則の強化である。現行法第41条にある懲役3年以下を5年に、罰金5万円以下を10万円以下に引き上げる。さらに、営利目的または常習者の場合は7年以下の懲役または50万円以下の罰金とすることにした。違反した「第三国人」に強制退去を命じることができるかも検討した。とはいえ、法に規定せずとも上述の罰則の強化に

よって、出入国管理令に抵触して強制退去となりうる。ゆえに、その様子をみて「この研究を将来に又留保」しておくことにした。

　この報告は5月25日の委員会で何の異議も出されずに了承されます。翌26日の厚生委員会では覚せい剤取締法の一部を改正する法律案の提案理由を高野が説明しました。委員長の上條愛一（右社）が質疑を促したところ、竹中勝男委員（左社）が「すでに小委員会で十分御検討になつたのですから」との理由で質疑・討論の省略の動議を提出し、これが成立します。そこで挙手採決となり、全会一致により可決されました。28日の参議院本会議でも起立採決による全会一致で可決され、衆議院に送られます。

　衆議院厚生委員会では5月28日と29日に審議されます。28日には改正案について高野の趣旨説明を受けたのち、前出の元医師である岡良一（右社）が質疑に立ちます。岡は改正案ではなぜ覚せい剤を禁止できなかったのかを質し、加えて、「いわゆる原薬の製造については、第三国人が関与しておるというよりも、むしろ独占的ではなかろうかというふうな感じを受ける」として、彼らの強制退去を法律に明記すべきではないかと迫ります。

　高野はいずれも上記小委員会の報告に沿って答弁し、とりわけ強制退去については中原武夫参議院法制局参事も補足の答弁を行いました。「もう少し見送つて、時期を待つという含み」であると理解を求めたのです。

　翌29日には4人の参考人を招いて意見を聞き質疑応答をしています。秋谷七郎東大医学部教授、林暲都立松沢病院長、

宮本忍東京療養所長、並びに竹山恒壽総武病院長の4人です。彼らのうち林と竹山は1951年の法案審議時にも招かれていました。28日に引き続き、このときも岡が覚せい剤を「全然非合法」にすべきだと参考人に迫りました。これに対して林は、仮に1951年法に全面禁止を規定したところで「今のような状態が起つているので、これは同じことでございます」と反論します。「むしろあの当時の罰則の程度が甘かつたという点の方が問題だと思います」と。

　結局、29日のこの委員会では次の附帯決議を付することを条件に改正案は「異議なし採決」で可決されます。

　　附帯決議
　　覚せい剤による慢性中毒が青少年等の心身を害しつつある現状にかんがみ、政府は覚せい剤の製造、施用等の禁止につき速かに万全の措置を講ずべきである。

　そして、31日の衆議院本会議で「異議なし採決」により可決・成立します。

日本民主党総務会が再改正案の国会提出を決定

　1955年6月10日付『読売新聞』夕刊は、日本民主党が同日の総務会で覚せい剤取締法改正案の国会提出を決定したと報じました。上でみた前年5月成立の改正法を再び改めようというのです。これを決定した総務会とはいかなる会議体なのでしょうか。

　日本民主党党則第34条に「総務会は党運営並びに国会活

動に関するすべての事項につき其の方針を審議決定する。」と定められていました。もちろん、日本民主党の最高議決機関は党大会でした（党則第19条）。しかし、党大会の招集は年に1回です（党則第21条）。これでは機動的な意思決定に対応できません。そのための機関として両院議員総会が置かれました。党則第29条には「両院議員総会は緊急を要する事項に関する党大会の代行並びに党運営及び国会活動の基本的事項を審議決定する。」とあります。とはいえ、両院議員総会もそうたびたび開けるものではありません。なので党の意思決定をさらに代行する機関として総務会が設けられたのです。両院議員総会が「基本的事項」なのに対して、総務会は「すべての事項」を「審議決定」するのです。

　周知のとおり、1955年11月に日本民主党は自由党と合同して、自由民主党が結党されます。自由党も党大会→議員総会→総務会という同様の意思決定構造をもっていました。党則第12条に「総務会は決議機関として、党の政策、人事及び会計その他重要事項を審議する。」とあります。これが自民党にも引き継がれました。その党則によれば、両院議員総会は「党の運営及び国会活動に関する特に重要な事項を審議決定する」（第33条）のであり、総務会は「党の運営及び国会活動に関する重要事項を審議決定する。」（第38条）位置づけになっています。総務会で議決されれば党の機関決定となり、党議拘束がかけられます。すなわち、総務会がある法案の国会提出を決めれば、自民党所属の国会議員はその法案の国会での議決に際して必ず賛成しなければならないのです。

当時の日本民主党の総務会決定も同様の重みをもつのです。

発議に賛成者も必要となった1955年改正法案

前年の法改正からわずか1年で再び改正を目指すとはどういうことなのか。1954年の改正法案の提案者である高野は面目をつぶされたとばかりに、川崎秀二厚生大臣を質します。1955年6月16日の参議院社会労働委員会です。

> 「まだ実施後一年にもならぬわけでありますから十分の成果が上ったかどうかはわからない。〔略〕新聞の記事によりますと、大臣の所属される民主党内部において、衆議院側でさらに覚せい剤取締法の改正を議員立法をもって企てたい〔略〕昨年改正した直後であるにかかわらず、さらに改正する必要があるかどうか」。

つまり、これまで参法として制定され改正されてきた覚せい剤取締法を今回は衆法によって改正しようというのです。川崎厚相は「できるならば完璧な法律にして、日本から覚醒剤というものを、覚醒剤による被害を完全に撲滅をしたいというような観点から、立法を完全なものにしたいという動きがあるようであります。ことに民主党におきましては〔略〕この問題につきましては、非常に熱心に、推進をいたしたいという機運が院内にみなぎっておるのであります」と答弁しました。なぜ衆法なのかには答えていません。

7月8日に、覚せい剤取締法の一部を改正する法律案（早川崇君外四十名提出、衆法第三九号）が衆議院社会労働委員会

第 6 章　二度改正された覚せい剤取締法

に付託されます。この提出者 41 人には民主党 17 人、自由党 9 人、左社 7 人、右社 6 人、労農党（院内では共産党、無所属とともに「小会派クラブ」）1 人、無所属 1 人（諸派で当選した 1 人が純無所属に）と衆議院全会派の議員が名を連ねていました。ちなみに、提出者筆頭の早川（民主）は厚生官僚出身ですが、元医療従事者ではありません。彼らに賛成者 20 人が加わります。内訳は全員が早川の所属する民主党の議員でした。

　1951 年法と 1954 年改正法は発議者だけで発議しており、賛成者の記載はありません。これは 1955 年 1 月に国会法が改正されたためです。施行は第 22 回国会の召集日とされました（実際に第 22 回国会が召集されたのは 1955 年 3 月 18 日）。早川らによる 1955 年改正法案はこの第 22 回国会で発議されたのです。

　それまでは発議者一人でも議員立法を発議することができました。するとやがて、自分の選挙区や支持団体・業界目当ての「おみやげ立法」が濫造される事態が散見されるようになります。たとえば、1950 年前後には「○○国際観光温泉文化都市建設法案」、「○○国際観光文化都市建設法案」、「○○国際港都建設法案」といった法案が多く提出されています。「北海道開発のためにする港湾工事に関する法律案」というのもありました。いずれも成立してしまい、予算措置が講じられました。こうした立法を放置すれば財政逼迫は避けられません。そこで、安易な議員立法の発議を抑止するために、発議者のほかに一定の賛成者を必要とするよう改められたのです。図表 6-6 のとおりです。1955 年改正法案ではぴたり

図表 6-6　議員立法発議に必要な賛成者数

	衆法	参法
予算を伴う法案の発議	50 人以上	20 人以上
それ以外の法案の発議	20 人以上	10 人以上

　国会法第 56 条第 1 項による。
20 人の賛成者が集められました。

　前出の元参議院法制局職員の石村は「議院法制局職員は、原則として、議員（政党）の示す政策に一切容喙しない」と指摘しています（石村 1997：61）。上述のばくち法案や「おみやげ立法」のような政策的に肯定しがたい法案が議員立法としてつくられるのは、この方針によります。これも第 4 章第 3 節で引いた竹下発言が裏づけています。

「わが国民を守るために」取締りを

　さて、衆議院社会労働委員会での早川による提案理由の説明は、7 月 12 日に行われました。第一点は罰則を麻薬取締法並みに引き上げること、第二点は覚せい剤の原料をも規制対象にすることでした。常習としての違反の最高刑は、麻薬取締法並みに 10 年とされました。むしろ注目すべきは、早川の次の付言です。「覚醒剤問題で遺憾に存ずるのは、覚醒剤の製造業者の約半数近くが北鮮系の朝鮮人であるということでございます。しかも北鮮系の朝鮮人は、みずからヒロポンは注射いたしません。そこに日本民族の頽廃を来たす非常におそるべき原因もあるかと私は存ずるのでございまして、このまま放置しておきまするならば、かっての英国による中国のアヘン禍というようなおそるべき弊害なしともしないこ

第6章　二度改正された覚せい剤取締法

とをおそれておるわけでございます」。

　これまで述べてきたように、覚せい剤問題には両面がありました。その被害から青少年を守ることと国際共産主義の「謀略」から日本を守ることです。1951年に覚せい剤取締法が成立するまでは前者の観点のみでしたが、同法成立後に在日朝鮮人による密造が盛んになると、後者の観点も強調されるようになります。

　この日に質疑はなく、7月19日午前の社会労働委員会に先送りされます。早川と同じ厚生官僚出身の亀山孝一（民主）が質疑に立ちます。そして、12日の早川の付言に関連したことを警察庁に質しています。「どうも密造事犯というものが多くは第三国人によっておるようと思うのですが、そういう統計がありましたらお伺いしたいし、同時に覚醒剤中毒者というものは、第三国人が非常に少ないという現象をどうお考えになるか」

　警察庁刑事部長の中川薫治が答えます。「朝鮮人の占める割合の御質問でございますが、一般の全覚醒剤違反に対しまして、朝鮮人が占める率は約一五％、すなわち所持事犯を含めて全犯罪で朝鮮人が占める率は一五％程度しかないでございますが、密造事犯になりますとこれが逆になりまして五〇％ないし六〇％、むしろ六〇％前後が朝鮮人が犯している状況でございます。従いまして、朝鮮人は密造等に従事して、使用等は比較的日本人が多くやっておる、こういう結果になろうかと思うであります」。

　これに対して亀山は「どうか当局におかれまして、わが国民を守るために、厳重なる取締りの御励行」などをお願いし

て質疑を終えました。その後、ただちに採決に移り、改正案は起立採決による全会一致で可決されます。さらに同日午後の衆議院本会議で諮られ「異議なし」で可決され、参議院に送られたのでした。

厳罰化は密造者を国外退去させるため

7月26日の参議院社会労働委員会では、早川が提案理由を説明しただけでした。質疑は7月28日に行われました。前年に改正法を参法として成立させた高野がこの衆法を詳細に質します。そのやりとりを紹介する前提として、1954年の改正法とこの1955年の改正法案の罰則に関する規定のうち、関連する部分を掲げておきます。

<u>1954年改正法第41条第1項</u>:左の各号〔覚せい剤の輸入、所持、製造、譲渡及び譲受、使用〕の一に該当する者は、五年以下の懲役又は十万円以下の罰金に処する。

<u>同第41条第4項</u>:営利の目的で又は常習として第一項の違反行為をした者は、七年以下の懲役に処し、又は情状により七年以下の懲役及び五十万円以下の罰金に処する。

<u>1955年改正法案第41条</u>:〔略〕同条第四項を削る。

<u>同第41条の2</u>:営利の目的で前条の違反行為をした者は、七年以下の懲役に処し、又は情状により七年以下の懲役及び五十万円以下の罰金に処する。

<u>同第41条の3</u>:常習として前二条の違反行為をした者は、一年以上十年以下の懲役に処し、又は情状により一年以

上十年以下の懲役及び五十万円以下の罰金に処する。

　つまり、1954年改正法第41条第4項では「営利の目的」と「常習」の違反行為者には同じ罰則が科せられていました。ところが、1955年改正法案ではこの項は削除され、新たな条文として第41条の2と第41条の3をつくり、前者には「営利の目的」の、後者には「常習」の違反行為者の罰則を別々に定めたのです。そして、「常習」違反者については「七年以下の懲役」から「一年以上十年以下の懲役」へと懲役年数の上限と下限を厳罰化したのです。

　高野はまずこの理由を尋ねます。提案者の早川は覚せい剤の弊害はあへんやヘロイン以上に及んでいるので、「これをヘロインあるいはあへん法における罰則よりも特に軽くしておくという理由はない〔略〕とりあえずアヘン、ヘロインの麻薬取締法による罰則と同じ程度まで引き上げて、一そうこの弊害を徹底的に直そう」という趣旨であると答えます。加えて、懲役の下限を「一年以上」としたことについては、「北鮮人が非常に製造業者に多い。しかる場合に一年以上の懲役ということで縛っておりますと、国外退去、本国送還ということが可能になる」ためだと説明しました。

「二流の官庁」としての裁判所

　これに対して高野は、1954年改正法で懲役の最高年数を5年ないし7年と引き上げたのは、「そこまでいって今後裁判所で判事にこの覚せい剤違反行為がいかに重大なる問題であるかということをよく反省してもらう」ことを意図していた。

法務省からは「これをもって一つ重い刑を科することができるであろう」「ほとんどが一年以上の刑を科することができて、この管理令〔出入国管理令〕の一年以上の懲役に処せられた者、これに該当する者としてこれは強制退去を命ずる、この条項に適用することができる」との説明が得られていた。にもかかわらず懲役の最高年数をさらに引き上げる、すなわち「昨年の参議院の改正を不可とされるこの点について、もっとはっきりした御見解を伺っておきたい」とたたみかけます。

　要するに、高野は裁判所に圧力をかけるために量刑を引き上げたのだと主張しているのです。早川もこの論理に沿って、量刑が上がれば判決もそれを反映して重くなる、「その面から悪質の密造常習、営利常習を強く心理的にもこれを抑圧し、それを少くしていく効果は非常に大きい」と考えたためで、「一年前の改正を決して私は否定する意味ではな」いと答えました。両者ともに司法権の独立についての認識が全く欠如していたと批判せざるを得ません。

　その点はさておき、高野は早川の答弁に納得せず、「法務省関係の要望にこたえて、五年ないし七年といたした」ところ、「さらにまたこの量刑を重くする」ことが効果的なのかと法務省に確認します。勝尾鐐三法務省刑事局参事官は興味深い論拠を提示します。

　　「裁判の面につきまして私たちの一番苦労いたしておりますのは、この覚せい剤の事犯の一般的な悪質というものを裁判官によく認識してもらうという面について、非常な苦労を重ねておるわけでありますが、これにつ

きましても刑が上った、すなわち国民の意思として覚せい剤事犯というものは非常に悪質であるということが明らかになったということを、論告等の場合に強く主張をし、また軽い判決のあったものに対しては、量刑不当をもって争うという場合の理由としてはやはり有力な理由になり得るであろうということで、この一部改正につきましては賛成をする、こういう結論になっておるわけでございます」。

これまた司法権の独立への干渉とも受け取れる発言です。上述のとおり、日本国憲法の施行によって、裁判所はそれまで司法省という行政官庁に握られていた司法行政権を獲得し、裁判権とあわせた司法権の独立を達成しました。しかし、国会議員や行政官僚のこれについての当時の意識はこの程度だったのです。

戦後の裁判所を代表する人物で、元最高裁長官の矢口洪一は「日本が行政優位の社会だということです。それほど、行政官というのは偉いんです。私は、そういうふうにやってきたんだと思います」と述べ、裁判所を「二流の官庁」だと自嘲しています（矢口 2004：142）。それはこうしたところからも思い知らされたのかもしれません。ちなみに、矢口洪一の異名は「ミスター司法行政」です。1948年1月に大阪地裁判事補として任官してから1984年2月に最高裁判事に就任するまでの36年間で、現場の裁判官を務めた期間はわずか8年ほどにすぎません。それ以外の期間は裁判所の「ヒト・モノ・カネ」を差配するエリート司法官僚として活躍したの

です。その枢要なポストである最高裁事務総局人事局長に抜擢された人事について、「ほかの人と較べてみて〔略〕ズバ抜けていたということでしょう」（矢口 2004：175）と回顧しています。

高野が口惜しさをぶつけた10690字

　高野は1955年改正法案のもう一つの目玉である、覚せい剤の原料をも規制対象にする点についても執拗に追及します。1954年改正法でそれを断念したのは、覚せい剤は合成化学的薬品であるので誘導体が次から次へと合成される。それらを規制するのは不可能だとの結論に達したためだった。なのに、「厚生省は原料規制についていかなる確信をもって、法務省もそうでありますが、これを取り締ることがおできになるかどうか、この点について一応伺っておきます」。

　高田正巳厚生省薬務局長は「先生の御指摘の通りに、それらを全部押えて参るということはおそらく私はできないことと思います」と高野の主張を認めます。その上で、すでに密造されている覚せい剤の原料はわかっているのでこれを規制して、「よりむずかしい方向に覚せい剤の密造を追い込んでいく」点でこの改正案は意味がある、と抗弁したのでした。

　この日の参議院社会労働委員会は10時21分に開会し、散会は18時25分の長丁場でした。午後の後半の時間帯は覚せい剤取締法の一部を改正する法律案の質疑に費やされました。質疑者は高野一人で、提案者の早川や法務省、厚生省の官僚を相手に14回質疑に立ちました。総発言文字数は10690字にもなります。

第 6 章　二度改正された覚せい剤取締法

　前述のとおり、覚せい剤問題と覚せい剤取締法案を審議した 1950 年 12 月から 1951 年 5 月までの参議院厚生委員会の 6 回すべてを通じて、発言文字数が最多の議員は 9151 文字の藤原道子でした。高野は 1 回の質疑でこの発言文字数を上回ったのです。前年に心血を注いで参法の改正法を作成した。にもかかわらず、その翌年に衆法の改正法案が出されたことに対する高野の口惜しさがにじみ出ているかのようです。

　高野は最後には「あえて私は反対いたしません」と言いながらも、「最後に」と断って二人に質しています。井本臺吉法務省刑事局長には量刑の厳罰化に効果はあるのかと。早川には改正後 1 年してまた改正する「強い意味がどこにあるであろうか」と。納得できない執念を感じます。

　その後採決に移り、挙手採決により全会一致で改正法案はこの委員会を通過し、翌 7 月 29 日の参議院本会議で起立採決の結果、全会一致で可決・成立しました。

　敗戦直後からはじまり 1954 年を頂点とした「第一期覚せい剤黄金時代」は、1957 年ごろようやく下火になります。図表 6-1 で示した覚せい剤事犯検挙人員や、図表 6-4 に掲げた総武病院の覚せい剤中毒入院患者数からもそれが読み取れます。この間、覚せい剤取締法の制定と二度の改正による罰則の強化があり、警察の取締りも強化され、中毒患者は専門病院に収容され、さらに覚せい剤撲滅運動が盛んに展開されました。これらが功を奏したと賜物といえるでしょう。

エピローグ
ぜひ観てほしい!『ヤクザと憲法』

思考停止に陥ることなく

　手を出してはいけない三つの「ヤ」というのをご存じでしょうか。ヤクザ、ヤク、ヤミ金融です。三者は深く結びついています。本書はヤクの中でも覚せい剤に焦点を当ててきました。

　絶対に観てほしい映画に『ヤクザと憲法』(2015) があります。劇場公開はすでに終了していて、DVDは発売されていません。自主上映会がたまに行われますので、いまのところそれを狙うしかありませんが。東海テレビのカメラが暴力団の組事務所に入って、また組長や構成員の動きに密着してヤクザの日常を撮った掛け値なしの傑作です。覚せい剤の密売シーンと思われる場面もあります。

> 「河野さん〔取材している組の事務局長〕は人気ないアパートの脇で車を停めた。／「ちょっと待ってくださいね」と車のトランクを開けて何かゴソゴソすると、建物の方へと向かっていく。間違いなくシノギだ。中年の男と何か話しているが、肉眼では暗くてよく見えない。カメラでどこまで撮れているだろう。何かを手渡して、戻ってきた。
> 　──　クスリ‥‥‥ですか。
> 　河野　ご想像にお任せします。
> 　──　なぜヤクザは悪いことをする？
> 　河野　ぼくらは悪いことしてるとは思いませんけどねぇ。押し売りしたわけでもないし。その子がどうしても

エピローグ　ぜひ観てほしい！『ヤクザと憲法』

欲しいって言うんやから、それで提供するだけでね」。（東海テレビ取材班 2016：89）

　得手勝手な言い分だと切って捨てるのは簡単です。ただ、だれも好き好んでヤクザになるわけではありません。居場所を失って最後に行き着くのです。暴力団への加入要因についての社会調査に基づく研究によれば、「挫折を経験した者を再起させる装置」が暴力団組織だといいます。

　　「暴力団加入者の一部は、学生時代の慣習的帰属集団において自尊心を低下させる経験を有しており、何らかの不安を知覚している。そのように傷ついた自尊心を回復するために、肯定的な評価を与えてくれる新たな帰属集団としての非行集団に加入し、それが暴力団加入に至ったケースが多く見られた」。（廣末 2014：146）

　1992年の暴力団対策法（暴力団員による不当な行為の防止等に関する法律）施行以降、「反社会的勢力」は銀行口座を開設できない、保険に入れない、子どもは幼稚園の入園を拒否されるなど、様々な人権侵害を受けています。憲法が保障する人権の枠外に彼らとその家族は置かれているのです。
　取材班は「だったらヤクザをやめれば」との問いかけに、懲役22年11か月（！）を勤め上げた組長が「じゃあだれが受け入れてくれるのか」と返します。この印象的なラストシーンは、上記の引用文と重ねると理解が深まります。「反社会的勢力」といっても、この組長は選挙では必ず投票していま

す。余談ですが、組事務所に「テレビの前のソファに寝ころぶな」と貼り紙があったのには笑ってしまいました。

　のちのインタビューでこの組長は暴対法について、「法律というのは、何かをした、その行為を罰するわけです。いわゆる「いい人」でも悪いことをする可能性がある。でも、何もしてないのに最初からレッテルを貼ったら、法律そのものの精神に反します」と憤っています（佐高・川口 2017：33）。

　「反社会的勢力」とレッテルを貼って、それ以上考えるのをやめるのではなく、その中身を知る。社会から疎まれる存在だからこそ、実はそこに社会矛盾の本質が潜んでいるのではないか。

　いわば「反社会的薬剤」である覚せい剤についてもそれは当てはまると考えます。戦時中は戦争遂行の「常備薬」であり、戦後直後は人びとの荒廃した精神を癒やす「魔の薬」であり、覚せい剤取締法施行後は困窮した在日朝鮮人に生活の資を得させる「シノギの薬」でした。本書でみてきた、覚せい剤の背後にあるこのような文脈を確認することで、「ダメ。ゼッタイ。」の標語は私たちに重く響いてきます。

あとがき

　身の程知らずとはこのことだろう。高校時代にいちばんの苦手科目は化学だった。そんな私が化学合成薬物である覚せい剤の取締りをテーマに一書をものするとは。

　覚せい剤に関心をもったきっかけは、2012年4月29日に起こった関越道での高速バス事故である。7人が亡くなった。事故の発生は早朝4時40分ごろだった。運転手は居眠りをしていた。それを報じた4月30日付『朝日新聞』は、「事故が起きた時間帯はいつも眠くなる」との同業者の声を引いている。「運転手たちは、運転中は眠気覚ましの刺激の強いガムや、ブラックコーヒーが手放せないという」と記事は続く。

　そのとき、たまたまネット上でみた書き込みに、〈昔なら深夜業に従事する人びとは覚せい剤を使っていた〉などという趣旨のものがあった。なぜか私はこれにひらめきを感じてしまった。そして、かつては覚せい剤が合法薬物であったことを知って驚いた。当時なにがあったのか。頭の中で興味の束がもくもくとふくらんだ。あれから8年以上も過ぎてようやく本にできた。

　ところで、ザ・ドリフターズのリーダーだったいかりや長介は、メンバーの荒井注のことを「ピアノが弾けないピアニスト」と称している。「「猫踏んじゃった」も弾けない」のだ

とか（いかりや 2003：98）。一方、私の専門は「国家論」ということになっている。だが、さしずめ私は「国家論の論文が書けない国家論研究者」である。私が書いた論文のタイトルの中で「国家論」が入っているのは1篇しかない。しかも、タイトルの前に「研究ノート」とわざわざ断って逃げている。

「名前負け」という言葉がある。私は指導教授から受け継いだこの科目名に「名前負け」しそうな息苦しさを常に感じてきた。それでもようやくこの頃では、国家に固有の作用、平たくいえば国家にしかできないことがらを実証的に研究すればいいのだ、と開き直っている。薬物規制も国家に固有の作用なのだ。

こんな言い訳めいた正当化にすがって、懲りずに拙著をまた世に送り出すことになった。

本書を2016年3月に亡くなった義母に捧げたい。長い間病床にあった義父を懸命に、そして明るく支えた義母であった。当初はその三回忌に間に合わせようと思っていた。しかし、日々の怠慢がたたってそれまでに脱稿にすらこぎつけられなかった。三回忌の墓前で謝罪した。

ロゴスの入村康治（村岡到）社長には今回も忍耐に次ぐ忍耐を強いてしまった。彼にもこの場を借りてお詫びしたい。

末筆ながら、「引用資料」の利用にかかわる著作権法上の可否については、麹町パートナーズ法律事務所の岡邦俊弁護士にご確認いただいた。岡先生に厚く御礼申し上げる。さらに、徳島大学薬学部の取材にあたっては、大高章学部長および同学部総務課総務係長の岩森清澄氏（肩書きはいずれも当時）にたいへんなご高配をいただいた。また、お名前は挙げ

られないがナルコレプシーの専門医のX先生には、メールのやりとりで貴重な情報をいただいた。これら3名の方々にも心から感謝する次第である。

 2018年8月30日

西川伸一

図表・写真・引用資料一覧

図表 1-1　薬物事犯の態様別検挙状況（2016 年）
図表 1-2　今世紀の『日本経済新聞』「私の履歴書」欄の元プロ野球選手執筆者
図表 2-1　覚せい剤の呼称
図表 3-1　『海軍軍医会雑誌』に掲載されたホスピタンとヒロポンの広告の掲載号と広告サイズ
図表 3-2　1951 年までに覚せい剤を製造していた会社名・製品名
図表 3-3　司法省から法務省に至る組織変遷
図表 4-1　国会会議録における「覚醒（せい）剤」と「ヒロポン」のヒット件数
図表 4-2　覚せい剤取締法の制定直前の薬局などにおける覚せい剤の在庫数
図表 4-3　覚せい剤問題の国会での審議状況
図表 4-4　第 9 回・第 10 回国会の初回参議院厚生委員会における委員構成
図表 4-5　参議院厚生委員会での期日別の質疑者
図表 4-6　質疑回数の多い委員の質疑回数と発言文字数
図表 5-1　第 19 回国会の 5 回に及んだ会期延長
図表 5-2　議員立法によるばくち法案
図表 5-3　共産党衆議院議員の退職経緯
図表 5-4　第 1 回国会から第 10 回国会までの参法の衆参両院における審議日数
図表 6-1　覚せい剤事犯検挙人員

図表・写真・引用資料一覧

図表 6-2　在日朝鮮人による覚せい剤取締法違反を報じた『読売新聞』の記事本数
図表 6-3　覚せい剤取締りによる共産党員の検挙を報じる記事
図表 6-4　総武病院の年度別・病名別入院患者数（1953 〜 1958 年度）
図表 6-5　覚せい剤の恐怖啓発映画の上映会日程
図表 6-6　議員立法発議に必要な賛成者数

写真 1-1　覚せい剤乱用防止をよびかけるポスター
写真 2-1　長井長義の生誕地を示す石碑
写真 2-2　長井長義の学位記
写真 2-3　日本薬学会長井記念館にある長井の事績を示す展示物
写真 2-4　徳島大学薬学部棟にある長井長義の胸像と長井が踏んだ青石
写真 2-5　長井記念ホールと同ホール内にある長井長義展示室
写真 4-1　2017 年総選挙の選挙運動期間に自民党本部に掲げられた懸垂幕
写真 5-1　京王閣競輪場のポスター
写真 6-1　現在の総武病院

引用資料 1-1　覚せい剤製出に用いられる器具類
引用資料 1-2　アンプル参考画像
引用資料 2-1　福田勝政『薬物に負けた俺』表紙
引用資料 2-2　ヒロポン錠（左）とゼドリン錠の容器
引用資料 2-3　破壊活動防止法における「禁こ」「せん動」

215

引用資料2-4　覚せい剤取締法に混在する「覚せい剤」と「覚せい剤」

引用資料2-5　災害対策基本法等の一部を改正する法律の第5条と第6条

引用資料3-1　ヒロポン注射液の箱

引用資料3-2　『海軍軍医会雑誌』に掲載されたホスピタンの広告

引用資料3-3　『海軍軍医会雑誌』に掲載されたヒロポンの広告

引用資料3-4　『海軍軍医会雑誌』の広告欄見開きで掲載されたホスピタンとヒロポンの広告

引用資料3-5　『航空朝日』掲載のヒロポン錠広告(「第1期」)

引用資料3-6　『航空朝日』掲載のヒロポン錠広告(「第2期」)

引用資料3-7　甲府湯田高等女学校の体育館につくられた「学校工場」

引用資料3-8　『航空朝日』掲載のヒロポン錠広告(「第3期」)

引用資料3-9　『朝日新聞』に掲載された「ヒロポン」広告

引用資料3-10　『朝日新聞』に掲載された「ヒロポン錠」広告

引用資料3-11　『読売新聞』に掲載された「アンスパミン」の広告

引用資料5-1　1954年6月3日夜の衆議院本会議における議長席周辺の様子

引用資料5-2　抜き打ち的な会期延長の議決を示す本会議会議録

引用資料5-3　尾瀬沼に計画された自動車道のルート

引用資料5-4　公営競技の年度別入場者数の推移

引用資料6-1　在日朝鮮人の地下密造工場から押収された密

造器具など
引用資料6-2　「ヒロポンルート」
引用資料6-3　総武病院の鉄格子に隔てられた女子患者隔離室の様子
引用資料6-4　死刑囚の「宮城送り」を報じる記事
引用資料6-5　映画『蝕まれゆく青春』の一場面

参考文献/URL一覧

生田分平（1951）「覚醒剤について」『犯罪と捜査』4巻2号。
いかりや長介（2003）『だめだこりゃ』新潮文庫。
石村健（1997）『議員立法　実務と経験の中から』信山社。
李恢成（イ・フェソン）（1975）『伽倻子のために』新潮文庫。
上木利正（1982）『ニューギニア空中戦の果てに』戦誌刊行会。
江副勉（1954）「ヒロポン中毒」『自然』9巻5号。
江夏豊・波多野勝（2001）『左腕の誇り　江夏豊自伝』草思社。
江夏豊・松永多佳倫（2015）『善と悪　江夏豊ラストメッセージ』メディアファクトリー。
NHK編（1977）『再現ドキュメント　日本の戦後（上）』日本放送出版協会。
大石武一・木原啓吉編（1983）『地球の選択―緑を守れ』家の光協会。
大川渉（2004）「ヒロポン、アドルム、田中英光」『ちくま』2004年5月号。
大谷晃一（2013）『織田作之助――生き、愛し、書いた。』沖積舎。

大野裕之（2015）『チャップリンとヒトラー　メディアとイメージの世界大戦』岩波書店。

岡良一（1950）「日本医師会と政治力」『日本医師会雑誌』24巻12号。

「おくすり博物館　おくすり収集家平井有氏の秘蔵コレクション　昔はこんなものもありましたシリーズ篇（その27）」『立川市薬剤師会会報』2008年11月。

織田作之助（1946）「薬局」『青空文庫』。（http://www.aozora.gr.jp/cards/000040/files/47842_36051.html）

オライリー，ビルほか／江口泰子訳（2013）『ケネディ暗殺50年目の真実』講談社。

覚醒剤研究会（2010）『覚醒剤大百科』データハウス。

学徒勤労動員の記録編集会編（1971）『紅の血は燃ゆる』読売新聞社。

金尾清造（1960）『長井長義伝』社団法人日本薬学会。

神奈川の学徒勤労動員を記録する会編（1999）『学徒勤労動員の記録　戦争の中の少年・少女たち』高文研。

川崎市編（1975）『川崎空襲・戦災の記録　戦時下の生活記録編』川崎市。

川崎労働史編さん委員会編（1987）『川崎労働史　戦前編』川崎市。

神田恭一（1987）『横須賀海軍航空隊始末記　医務科員の見た海軍航空のメッカ』光人社。

「官報情報検索サービス」（https://search.npb.go.jp/kanpou/）

清原和博（2017）「告白　一日一日、その日を生きていくしかない」『スポーツ・グラフィック・ナンバー』930号。

黒鳥四朗著・渡辺洋二編（2012）『回想の横空野戦隊　ある予備士官搭乗員のB-29邀撃記』光人社。

厚生省五十年史編集委員会編（1988）『厚生省五十年史（記述篇）』中央法規。

小島貞二（2003）『こんな落語家がいた　戦中・戦後の演芸視』うなぎ書房。

「国会会議録検索システム」（http://kokkai.ndl.go.jp/）

小長谷正明（1999）『ヒトラーの震え毛沢東の摺り足』中公新書。

近藤光治（1955）「覚せい剤事犯の回顧と展望」『警察学論集』8巻1号。

齋藤繁（2012）「エフェドリンの歴史――歴史遺産と現代社会への影響」『日本医史学雑誌』58巻3号。

齋藤陽夫（2008）「法制執務コラム」（http://houseikyoku.sangiin.go.jp/column/column080.htm）

三枝正裕編（1993）『温故知新』桜医会出版部。

坂井三郎（1992）『零戦の真実』講談社

酒井法子（2010）『贖罪』朝日新聞出版。

坂口安吾（1947）「反スタイルの記」『青空文庫』。（http://www.aozora.gr.jp/cards/001095/files/42921_23109.html）

――（1950）「麻薬・自殺・宗教」『青空文庫』。（http://www.aozora.gr.jp/cards/001095/files/43172_21384.html）

笹谷幸司（1998）『神奈川の学徒勤労動員』。

佐高信・川口和秀（2017）「ヤクザは憲法に守られてないのか？」『週刊金曜日』1124号。

週刊朝日編（1995）『戦後値段史年表』朝日文庫。

衆議院・参議院編（1990ａ）『議会制度百年史　貴族院・参議院議員名鑑』。

―――編（1990ｂ）『議会制度百年史　衆議院議員名鑑』。

―――編（1990ｃ）『議会制度百年史　院内会派編貴族院参議院の部』。

―――編（1990ｄ）『議会制度百年史　院内会派編衆議院の部』。

―――編（1990ｅ）『議会制度百年史　国会議案件名録』。

白井誠（2013）『国会法』信山社。

精神衛生文化協会（1955）『ヒロポン―覚せい剤禍の悲劇とその対策―』。

総武病院（1983）『看護研究論文集―看護30年の歩み―』。

大日本製薬六十年史編纂委員会編（1957）『大日本製薬六十年史』。

大日本製薬八十年史編集委員会編（1978）『大日本製薬八十年史』。

「大日本製薬100年史」編纂委員会編（1998）『大日本製薬100年史』。

大日本製薬労働組合編（1988）『大日本製薬労働組合三十年史』大日本製薬労働組合。

高良武久（1975）「教授・竹山恒寿君を偲ぶ」『精神医学』17巻9号。

竹下登（2001）『政治とは何か』講談社。

竹村多一・横沢弥一郎（1943）「除倦覚醒剤ノ作用ニ就テ（第1報）」『海軍軍医会雑誌』32巻6号。

立津政順・後藤彰夫・藤原豪（1956）『覚醒剤中毒』医学書院。

田中英光（1951）『オリンポスの果実』新潮文庫。

ダレク，ｚロバート／鈴木淑美訳（2009）『JFK 未完の人生 1917-1963』松柏社。

竹内桂（2016）「国民民主党期の三木武夫」『政治学研究論集』43号。

チャップリン，チャールズ／中野好夫訳（1966）『チャップリン自伝』新潮社。

「電子政府の総合窓口 E-Gov 法令検索」（http://elaws.e-gov.go.jp/search/elawsSearch/elaws_search/lsg0100/）

東海テレビ取材班（2016）『ヤクザと憲法 「暴排条例」は何を守るのか』岩波書店。

東京都薬剤師会公衆衛生員会編（2014）『薬物乱用防止に関する Q&A』東京都薬剤師会。

「時の立札 覚せい剤の恐怖 激増するヒロポン患者」『文化生活』1954年11月号。

徳島大学薬学部創立五十周年記念事業会編（1973）『徳島大学薬学部五十年史』。

富田信男（1981）「徳田球一 「破格」「破綻」の革命児」内田健三ほか『日本政治の実力者たち 第3巻 戦後』有斐閣新書。

都立松沢病院（1954）『東京都立松沢病院七十五年略史』。

都立武蔵高女青梅寮生の会編（1974）『飛行機工場の少女たち 女学生勤労動員の記録』。

内閣法制局百年史編集委員会編（1985）『内閣法制局百年史』内閣法制局。

内藤裕史（2011）『薬物乱用・中毒百科―覚醒剤から咳止め

まで』丸善。
中沢啓治（1983）『はだしのゲン　第8巻』汐文社。
中島誠（2004）『立法学　序論・立法過程論』法律文化社。
中野信子（2014）『脳内麻薬　人間を支配する快楽物質ドーパミンの正体』幻冬舎新書。
中村睦男編（1993）『議員立法の研究』信山社。
那須宗一（1954）「麻薬に魅せられた人々」『婦人公論』1954年7月号。
西川伸一（2018）「戦後直後の覚せい剤蔓延から覚せい剤取締法制定に至る政策形成過程の実証研究」『明治大学社会科学研究所紀要』57巻1号（2018年10月刊行予定）。
西部邁（2011）『友情　半チョッパリとの四十五年』ちくま文庫。
二七会編（1992）『続・陸軍薬剤将校追想録』。
『日経メディカルOnline』（http://medical.nikkeibp.co.jp/）
日本自転車振興会編（1999）『競輪五十年史』。
日本薬史学会編（1995）『日本医薬品産業史』薬事日報社。
信沢清（1951a）「覚せい剤取締法」『薬局』2巻9号。
―――（1951b）「ヒロポン禍を防ぐ―覚せい剤は所持しても違法―」『時の法令』30号。
ハクスリー，オルダス／黒原敏行訳（2013）『すばらしい新世界』光文社古典新訳文庫。
長谷川町子（1952）『似たもの一家　第二集』姉妹社。
―――（1953）『似たもの一家　第一集』姉妹社。
―――（1998）『エプロンおばさん④　似たもの一家　長谷川町子全集29』朝日新聞社。

―――（2018）『おたからサザエさん②』朝日新聞出版。

『犯罪白書』（http://www.moj.go.jp/housouken/houso_hakusho2.html）

百田尚樹（2009）『永遠の０』講談社文庫。

廣末登（2014）『若者はなぜヤクザになったのか　暴力団加入要因の研究』ハーベスト社。

福田勝政（2010）『薬物に負けた俺』。

船山馨（1978）『みみずく散歩』構想社。

フロム，エーリッヒ／日高六郎訳（1966）『自由からの逃走』東京創元社。

編集委員会・常任編集委員会編（2000）『山梨学徒勤労動員の記録』。

前田英昭（1999）『国会の立法活動　原理と実相を検証する』信山社。

三浦謹之助（1941）「麻黄より製出せる除倦覚醒剤に就て」『実験医学』325号。

水野喬（2002）『闘った「のんき節」』文芸社。

ミヤコ蝶々ほか（2006）『私の履歴書　女優の運命』日経ビジネス人文庫。

「ミヤコ蝶々の長男「薬物使用の天国と地獄」」『週刊現代』2012年7月7日号。

村川一郎（1998）『日本政党史辞典　上』国書刊行会。

村野薫編著（1991）『日本の死刑』柘植書房。

室生忠（1982）『覚せい剤　白い粉の恐怖』三一書房。

明治製菓(株)社史編纂委員会編（2007）『明治製菓の歩み　創業から90年』明治製菓株式会社。

諸橋芳夫（1989）「太平洋戦争記余話」『全国自治体病院協議会雑誌』255号。

矢口洪一（2004）『矢口洪一オーラル・ヒストリー』政策研究大学院大学。

山本孝史（1998）『議員立法　日本政治活性化への道』第一書林。

吉田裕（2017）『日本軍兵士──アジア・太平洋戦争の現実』中公新書。

吉村英夫（2017）『ハリウッド「赤狩り」との闘い　『ローマの休日』とチャップリン』大月書店。

ラードナー・ジュニア，リング／宮本高晴訳（2008）『われとともに老いよ、楽しみはこの先にあり』清流出版。

緑風会史編纂委員会（1971）『緑風会十八年史』。

渡辺洋二（1999）『重い飛行機雲　太平洋戦争日本空軍秘話』文春文庫。

Ohler, Norman（2015）. *Der totale Rausch: Drogen im Dritten Reich,* Köln: Kiepenheuer & Witsch.

参照映画一覧（邦題五十音順）

『キューポラのある街』（日・1962）
『恋人たち』（日・2015）
『こころざし─舎密を愛した男─』（日・2011）
『実録・私設銀座警察』（日・1973）
『人生案内』（ソ連・1931）
『大統領の執事の涙』（米・2013）
『チャップリンの独裁者』（米・1940）
『トランボ　ハリウッドに最も嫌われた男』（米・2015）
『日本で一番悪い奴ら』（日・2016）
『ハクソー・リッジ』（豪／米・2016）
『プライベート・ライアン』（米・1998）
『ホテル・ルワンダ　真実の物語』（南ア／英／伊・2004）
『未成年　続・キューポラのある街』（日・1965）
『麻雀放浪記』（日・1984）
『モダン・タイムス』（米・1936）
『ヤクザと憲法』（日・2016）
『ローマの休日』（米・1953）

人名索引

《あ行》

愛知揆一　182
アインシュタイン，アルベルト　69
青山光二　102
赤松常子　132, 137
秋谷七郎　193
浅沼稲次郎　27
麻生太郎　14
阿部五郎　150
有馬英二　131, 132, 133, 139, 141, 192
安藤忠雄　111
アントニオ猪木　120
伊井弥四郎　106
石田一松　26, 27
石村健　170, 171, 198
一万田尚登　181
井上なつゑ　102, 118, 129, 131, 132
今枝常男　155, 171
井本臺吉　205
岩元信行　168
上木利正　79
殖田俊吉　120, 121
江副勉　77
江藤淳　41
江夏豊　16-19, 44
大石武一　142, 155-158
オーウェル，ジョージ　14
大杉漣　70
大矢省三　150
岡良一　72, 141, 142, 155, 193, 194
小川友三　119, 120, 124, 166
織田作之助　28-31, 33

《か行》

勝尾鐐三　202
上條愛一　130, 193
亀山孝一　199
川上貫一　165, 166
川崎秀二　196
河田賢治　162
神田恭一　86, 87
蒲原宏　79, 80
北村銀太郎　23, 26, 99
衣笠祥雄　17
金正恩　51
木村守江　141, 157
清原和博　16, 18, 19, 39, 44
霧島昇　26
楠木繁夫　26
黒川武雄　133
黒鳥四郎　80, 81, 86-88
河野金昇　162
ケネディ，ジョン F.　48, 49, 51, 73
小林よしのり　41
コロムビア・トップ（下村泰）
　25, 26, 28, 72, 77, 99
近藤光治　124
今野武雄　163, 164

《さ行》

坂井三郎　78, 79, 81
酒井忠正　181
酒井法子　40, 43, 44, 90
坂口安吾　28, 29, 35, 47, 91, 113
相良惟一　111
佐川宣寿　14

佐藤栄作　155
佐藤藤佐　109, 111
柴田承桂　64
渋沢敬三　182
清水俊二　52
椙山庸吉　123, 127, 137, 138
鈴木茂三郎　152

《た行》
高碕達之助　182
高田正巳　204
高野一夫　184, 190-193, 196, 200-202, 204, 205
高見順　34
竹下登　142, 170, 198
竹中勝男　193
竹中七郎　141
竹山恒壽　136, 139, 140, 182, 183, 194
太宰治　28, 34, 36
田中英光　34, 36
谷口弥三郎　131, 132, 141, 192
玉松一郎　100
チャップリン，チャールズ　52, 53
塚本重藏　119, 129
常岡一郎　131, 192
堂森芳夫　130, 131, 141, 192
徳田球一　41, 165
戸田奈津子　52
豊島順吉　77, 78, 89, 91, 114
トランプ，ドナルド　14
トランボ，ダルトン　49-51, 73

《な行》
長井長義　62-70, 72, 73
中川薫治　199
中島啓治　100
中原武夫　133, 143, 144, 155, 171, 193
中山壽彦　131-133, 137, 139-143, 163, 167
長与專齋　64
なみの一郎　26
南都雄二　24
ニクソン，リチャード M.　48
西部邁　40, 42-44
西村栄一　157
新田忠純　64
野坂参三　27, 41, 165
信沢清　167
野村秋介　41

《は行》
ハクスリー，オルダス　14, 15
長谷川町子　31, 34
鳩山一郎　27, 152
鳩山和夫　65
花村四郎　109
早川崇　196-202, 204, 205
林暲　107, 138, 139, 185, 193, 194
ハンター，イアン・マクレラン　50, 51
樋口幸吉　108
樋口静夫　26
ヒトラー，アドルフ　51, 52
百田尚樹　88
日向利一　24
平野長靖　156, 158
福田勝政　44, 45
福田昌子　109, 142, 155
藤森眞治　131-133, 141

藤原道子　130-134, 136, 138, 139, 143, 145, 192, 205
船山馨　24, 34, 91
古屋圭司　60
フロム, エーリッヒ　15
不破哲三　42
ボードウィン, アントニウス　63
星野毅子郎　76
穂積陳重　65
ホフマン, アウグスト・ヴィルヘルム・フォン　64

《ま行》
増田甲子七　161
益谷秀次　151
マッカーサー, ダグラス　106
丸山直友　142, 154, 155, 163, 167
三浦謹之助　73, 77, 78
三門順子　26
三木武夫　27
三木睦子　27
三島由紀夫　41
ミス・ワカナ　99, 100
光石研　103
ミヤコ蝶々　23-25, 35, 100
宮本顕治　41, 42
宮本忍　194
三好十郎　34
宗像小一郎　80
諸橋芳夫　79, 81

《や行》
矢口洪一　203
柳家三亀松　22, 23, 25, 26
山口二矢　41

山口シヅエ　27
山下義信　129, 131-133, 140, 141, 192
山中貞則　155
山本鎮彦　137
山本孝史　134, 135
湯山勇　192
養老絢雄　175
横尾龍　161
芳川顕正　63
吉川潮　22, 23
吉田茂　111, 161, 166
吉田留三郎　100
吉田裕　79
吉永小百合　177
慶松一郎　102, 123-125, 127, 145, 154, 174

《ら・わ行》
脇義寛　80
渡瀬恒彦　2, 3
渡邊三知夫　137

事項索引

- 「覚せい剤」「覚醒剤」および「覚せい剤取締法(案)」は頻出なので省略した。
- 本文中では「 」で括られている事項のうち、「 」がなくても自明のものには「 」を外した。

《あ行》
アジア・太平洋戦争　78, 90, 96, 121
アドルム　35, 36, 113
安倍晋三政権　151
阿部信行内閣　181
アヘン戦争　4, 180
あへん法　170、201
「アンスパミン」　107
「暗視ホルモン」　80, 81, 87
アンフェタミン　21, 22, 46-50, 73, 92, 104, 105, 121-123
一式戦闘機二型(「隼」)　79
イラク特措法　99
『永遠の0』(小説)　88
エ(ヱ)フェドリン　65, 66, 68, 70, 73, 174
大宅壮一文庫　35
尾瀬　155-158
「おみやげ立法」　197, 198
『オリンポスの果実』(小説)　36

《か行》
『海軍軍医会雑誌』(雑誌)　81, 82, 84-86, 93
海軍軍医学校　76
改正警察法案　150, 151

科学技術基本法　134
「学徒勤労ノ徹底ニ関スル件」　90
閣法　140, 159
「学校工場」　95
議員立法　130, 134, 135, 140, 142, 158, 159, 167, 168, 170, 171, 196-198
議会侮辱罪　50
北朝鮮帰国事業　177, 179
『キューポラのある街』（映画）　177
「鏡子ちゃん事件」　183, 185, 188, 191
強制入院　187, 191
行政文書開示請求（書）　54, 58, 126
共謀罪法案　151
禁酒法　163
黒田製薬　107
京王閣競輪場　162
警察予備隊　99, 137
競輪　159-162
劇薬　121-123
「結核及びらい患者福祉事業振興会法案」　159
「決戦非常措置要項ニ基ク学校工場化実施ニ関スル件」　95
『恋人たち』（映画）　103
『航空朝日』（雑誌）　91-94, 96, 97
公職追放（令）　164, 166, 181
「公職に関する就職禁止、退官、退職等に関する勅令」　165
厚生省　76, 102, 118, 121, 123-127, 129, 132-137, 138, 142, 144, 157, 167, 170, 188, 204
『厚生省五十年史』　124, 125
「公定書外医薬品」　123
『国民医薬品集』（図書）　122, 123
国民協同党　27

『こころざし―舎密を愛した男―』（映画）　69
国家行政組織法　110, 111

《さ行》
災害対策基本法等の一部を改正する法律　57, 58
「サザエさん」（漫画）　31, 33, 34
佐藤栄作内閣（第3次）　155
参議院法制局　133, 142, 143, 155, 163, 170, 171, 193, 198
「山村工作隊」　180
参天堂製薬　81, 104, 105
サンフランシスコ講和条約　111
参法　140, 168, 169, 192, 196, 198, 200, 205
C型肝炎ウイルス（HCV）　114
仕切り屋　177
自然公園法　156
『実録・私設銀座警察』（映画）　2
「自転車競技法を廃止する法律案」　162
司法省官制　109, 110
衆議院法制局　142, 171
「就職禁止、退官、退職等ニ関スル件」　165
衆法　140, 153, 159, 162, 168, 196, 198, 200, 205
出入国管理令　193, 202
静脈注射（静注）　28, 75, 103, 106, 124
「新常用漢字表内閣告示」　54, 56, 57, 60
『人生案内』（映画）　189
心的外傷後ストレス障害（PTSD）　99
巣鴨プリズン　186
スト規制法存続議決案　151
『自由からの逃走』（図書）　15
「集団的勤労作業運動実施ニ関スル件」　93

『すばらしい新世界』(小説) 14, 15
政府依頼立法 168, 170
「瀬取り」 20
ゼドリン 46, 47, 104, 105
『一九八四年』(小説) 14
総武病院 136, 181-184, 194, 205
ソーマ 14, 15
総務会 194-196

《た行》
第一期覚せい剤黄金時代 205
第三国人 181, 191-193, 199
大選挙区制限連記制 26
『大統領の執事の涙』(映画) 48
大日本住友製薬 21, 73
大日本製薬 64-66, 73, 77, 89.92, 104, 105, 114, 128, 161
大日本製薬会社 64, 65
武田薬品工業 104, 105, 127
『チャップリンの独裁者』(映画) 52
「チャリンコ」 113
「中核自衛隊」 180
中間報告 151
朝鮮戦争 99, 137, 164
「蝶々・雄二の夫婦善哉」(ラジオ番組、のちにテレビ番組) 25
t-BOC メタンフェタミン 20
「帝国あへん法」 77
テロ特措法 99
東亞薬品 92
東大病院神経科 35, 108
ドーパミン 38, 39

徳島大学薬学部　67-70
富山化学工業　104, 105, 124, 144
「土曜夫人」（小説）　30, 31
都立松沢病院　36, 77, 107, 108, 138, 185, 193

《な行》
内閣法制局　55, 57, 110-113
鳴尾事件　161
ナルコレプシー　21, 138, 139
ニコヨン　177
「似たもの一家」（漫画）　31, 33
日本医師会　141, 163
日本国憲法　110, 112, 120, 166. 203
『日本で一番悪い奴ら』（映画）　103
「日本の戦後「2・1スト前夜」」（テレビドラマ）　106
日本薬局方　64,
ネオアゴチン　104, 105, 124, 144
「のんき節」　26

《は行》
ハイアライ法案（回力球競技法案）　158, 159
売血　114
破壊活動防止法　55
バカヤロー解散　159
『ハクソー・リッジ』（映画）　98
『はだしのゲン』（漫画）　100, 101
「ハネ改正」　59, 60
皮下注射　28, 29, 75, 101, 123
ヒルデブラント・プラリネ〔チョコ〕　90
「ヒロポニア」　34, 36

ヒロポン　21-25, 27-30, 32, 33-35, 44, 46, 47, 53, 66, 72-94, 96-98, 100-105, 107-109, 111, 113-115, 120, 124, 128, 129, 138, 161, 174-176, 180, 181, 185, 187-191, 198
フェニルメチルアミノプロパン　46, 121, 122
フェニルアミノプロパン　46, 121, 122
『プライベート・ライアン』（映画）　98
ブラックリスティ　50
ブラックリスト　50
ペルビチン　51, 72, 77, 83
プロパミン　46, 105, 122-124
フロント　50
ベンゼドリン　49
法制局　内閣法制局をみよ
法務庁　110-112
法務府　109, 110-112, 121
暴力団対策法（暴力団員による不当な行為の防止等に関する法律；暴対法）　209, 210
「ポスト・トゥルース」　14
ホスピタン　82-86, 104, 105
「ポン中」　23, 101

《ま行》
『麻雀放浪記』（映画）　103
マジノ線　72
麻薬及び向精神薬取締法　53, 61, 170
麻薬取締法　133, 136, 170, 198, 201
『未成年　続・キューポラのある街』（映画）　178
「宮城送り」　186, 187
明治産業　88, 89
メタンフェタミン　46, 47, 51, 53, 54, 62, 65, 72, 73, 75, 81, 89, 104,

105, 121-123
メチルプロパミン　46, 105, 122, 123
『夫婦善哉』（小説）　28
『モダン・タイムス』（映画）　52
「桃色遊戯」　113
森友問題　127

《や行》
『ヤクザと憲法』（映画）　208
薬事法　60, 61, 121, 122, 124, 125, 127, 133, 134, 142, 143
薬事法施行規則　121, 123
薬物4法　61, 170
「薬局」（小説）　29

《ら・わ行》
乱闘国会　148
緑風会　102, 119, 131, 141, 192
レッドパージ　164, 166, 180
『ローマの休日』（映画）　49-51
連合国最高司令官総司令部（GHQ）　106

西川伸一(にしかわ・しんいち)
nisikawa1116@gmail.com
http://nishikawashin-ichi.net
○略歴
　　1961 年　新潟県生まれ
　　1984 年　明治大学政治経済学部政治学科卒業
　　1990 年　明治大学大学院政治経済学研究科政治学専攻博士
　　　　　　　後期課程退学（4 年間在学）
　　同年　　明治大学政治経済学部専任助手
　　1993 年　同専任講師
　　2000 年　同助教授
　　2005 年　同教授
　　2011 年　博士（政治学）取得

○ 2010 年以降の著書・訳書
　　2010 年　『オーウェル『動物農場』の政治学』ロゴス。
　　同年　　『裁判官幹部人事の研究』五月書房。
　　2012 年　『最高裁裁判官国民審査の実証的研究』五月書房。
　　2013 年　（翻訳）デイヴィッド・S・ロー『日本の最高裁
　　　　　　　を解剖する』現代人文社。
　　同年　　『これでわかった！　内閣法制局』五月書房。
　　2015 年　『城山三郎『官僚たちの夏』の政治学』ロゴス。

覚せい剤取締法の政治学
——覚せい剤が合法的だった時代があった——

2018年10月1日　初版第1刷発行	
著　者	西川伸一
発行人	入村康治
装　幀	入村　環
発行所	ロゴス
	〒113-0033　東京都文京区本郷2-6-11
	TEL.03-5840-8525　FAX.03-5840-8544
	http://www.18.ocn.ne.jp/~logosnet/
	www.logos-ui.org
印刷／製本	株式会社 Sun Fuerza

定価はカバーに表示してあります。　ISBN978-4-904350-49-2　C0031

ロゴスの本

西川伸一 著　　　　　　　　　　　　四六判　並製　204頁・1800円+税
オーウェル「動物農場」の政治学

西川伸一 著　　　　　　　　　　　　四六判　並製　236頁・2000円+税
城山三郎「官僚たちの夏」の政治学

村岡 到 著　　　　　　　　　　　　　四六判　並製　158頁・1500円+税
文化象徴天皇への変革

村岡 到 著　　　　　　　　　　　　　四六判　並製　252頁・1800円+税
ソ連邦の崩壊と社会主義——ロシア革命100年を前に

村岡 到 編　下斗米伸夫 岡田進 森岡真史 佐藤和之　四六判　並製　168頁・1800円+税
ロシア革命の再審と社会主義——ロシア革命100年記念

村岡 到 編著　大内秀明 久保隆 千石好郎 武田信照
マルクスの業績と限界　　　　　　　四六判　並製　123頁・1000円+税

村岡 到 著　　　　　　　　　　　　　四六判　並製　188頁・1700円+税
共産党、政党助成金を活かし飛躍を

友愛を心に活憲を！
季刊 フラタニティ　B5判　72頁　600円+税　送料200円

特集
- 第 9号　労働運動の現状と課題　　2018年2月
- 第10号　マルクス生誕200年　　　　　5月
- 第11号　創価学会・公明党をどう捉えるか　8月
- 第12号　環境問題の焦点　　　　　　11月

- 創刊号　自衛隊　　　　第5号　中国　　2016,17年
- 第2号　日本農業　　　第6号　教学育
- 第3号　日本政治　　　第7号　沖縄基地
- 第4号　ロシア革命　　第8号　宗教

定期購読　年間4号：送料共3000円
新規定期購読者には希望するバックナンバーを2冊進呈します。

あなたの本を創りませんか——出版の相談をどうぞ、小社に。